Karl Mast

Kommunikation in Weiß

Neurolinguistisches Programmieren
für Ärzte und Heilberufe

NLP-spezifische Kommunikation
in der ärztlichen Praxis

Junfermann Verlag • Paderborn
1995

Satz: SpaceType, Köln

Die Deutsche Bibliothek – CIP-Einheitsaufnahme

Mast, Karl:

Kommunikation in Weiß: Neurolinguistisches Programmieren (NLP) für Ärzte und Heilberufe / Karl Mast. – Paderborn: Junfermann, 1995

(Reihe Pragmatismus & Tradition; Bd. 33)

ISBN 3-87387-147-5

NE: GT

ISBN 3-87387-147-5

Inhalt

Vorwort

Es war vor ca. einem Jahr, als mir die Abkürzung NLP zum ersten Mal begegnete. Ich hielt sie für eines der üblichen modischen Drei-Buchstaben-Krankheitskürzel. Die mir gegebene Erklärung machte mich neugierig, aber die erfragte Antwort war wenig erschöpfend, und so blieb alles im Unklaren, bis mir dieses Manuskript vorgestellt wurde.

Wenn man sich schon etwas mit EDV beschäftigt hat, macht ein Wort wie Programmieren neugierig, und diese Neugier und eine längere Zugfahrt ließen es zu, die achtzig Seiten aufmerksam zu lesen. Manches fand ich bestätigt, was man mehr ahnte, als es formulieren zu können, manches war nachvollziehbar und erschien logisch, in Teilen habe ich Schwierigkeiten, nachzuvollziehen, was der Autor beschreibt. Dies liegt sicher nicht am Autor, es liegt am Leser. Neu ist die Lesart mit »Pacen, Leaden und Reframing«, ungewohnt und eigentlich eher erschwerend als hilfreich, und mögen es noch so sehr die Originalbegriffe sein. Aber dies schmälert die Gesamtinformation nicht. Das Buch macht Appetit auf mehr Information, tiefere Beschäftigung mit einer Methode, die geeignet zu sein scheint, Kommunikationsabläufe erlernbar und damit verbesserbar zu machen. Die moderne Medizin ist gekennzeichnet durch einen hohen Technik-Stand und die Erkenntnis der Wichtigkeit vermehrter Zuwendung. Technik lernen wir, kommunizieren nicht. Die Entwicklung auch der ärztlichen Gebührenordnung geht in diese beiden Richtungen. Es genügt aber nicht, eine Leistung nur zu beschreiben, sie muß auch inhaltlich erfüllt werden. Das ist nur möglich, wenn die geeignete Technik dazu vorhanden ist. Nach der Lektüre dieses Buches muß ich es fast als unabdingbar ansehen, daß vor der Arzt-Patienten-Aktion die Kenntnis dieser Zusammenhänge steht. Vieles wäre leichter und könnte mit Sicherheit die Qualität ärztlicher Arbeit nur verbessern. Aus diesem Grunde wünsche ich diesem Buch eine weite Verbreitung und hilfreiche Nutzanwendung zum Wohle unserer Patienten.

Dr. med. W. Mohr
Vorstandsvorsitzender der KV Nord-Württemberg

Eröffnung

Es wird Zeit. Es wird Zeit, daß auch wir Ärzte und Heilberufler den allgemeinen Paradigmenwechsel nicht nur in Fachzeitschriften interessiert verfolgen, sondern daß wir ihn auch praktizieren.

Wie bringe ich das Beste im anderen hervor? Ist das nicht die wichtigste Frage, die wir in diesen Berufen stellen können?

Im Rahmen der großen Veränderung unserer allgemein akzeptierten Realität, die gerade stattfindet, ist NLP ein kleiner, aber nicht unwichtiger Ausschnitt, eine Art neurologischer Knigge in bezug auf unseren Nächsten. Dabei geht es nicht darum, wie ich mich besser benehme und manipulativer verhalte, sondern eher darum, wie ich die Kapazitäten und Möglichkeiten im anderen entdecke – sogar wenn er mein Patient ist. Einverstanden? Dann werden Sie dieses Buch mit Vergnügen lesen.

Dieser Paradigmenwechsel! Ist er Ihnen im Gedächtnis geblieben? Wozu soll er eigentlich gut sein? Na, es ist doch wirklich an der Zeit, wieder mehr Spaß am eigenen Leben und am Beruf und beim Abenteuer des Lebens mit uns selbst und im Zusammensein mit anderen Menschen zu haben – vor allem als jemand, der anderen zu Gesundheit verhilft. Und da hat Karl Mast genau den richtigen Text geschrieben.

Eigentlich sind wir Mediziner doch als neugierige Forscher ausgebildet. Aber die tägliche Routine erstickt unser Gespür, trübt unseren Blick und macht unsere Ohren taub. Ja, Ärzte sind (auch) Menschen, die professionell ständig die Kontrolle haben müssen – über andere. Und das ist das Ende der kreativen Phase und der Beginn des »*burn out*«. Diese Kontrolle muß auch einmal durcheinanderkommen. Sonst wächst man nicht, sondern versucht nur, andere (vergeblich) zum Wachstum zu veranlassen.

Das vorliegende Buch wird Sie durcheinander ... und (vielleicht) zum Wachstum bringen. Oder Sie werden es weglegen. Der Autor weiß, wovon er redet, denn er steht jeden Tag in der Praxis und nicht in der Theorie.

Karl Mast ist Arzt für Allgemeinmedizin, ein sensibler, wacher, direkter und zupackender Landarzt – dem Herzen nach –, der allerdings in einer Industriestadt praktiziert. Er weiß, was er sagt, wenn er Ihnen die faszinierenden Möglichkeiten eröffnet, ungewöhnliche neue Denkweisen mit traditioneller Medizin in

Ihrem Alltag zu verbinden. Zunächst wird er Ihnen von sich selbst erzählen, bevor er Sie in die Heilchancen der »sprechenden Medizin« einführen wird.

Was soll man sonst noch sagen? Nichts. Besser, Sie übergehen das Folgende kleine Kindermärchen. Es soll eigentlich zeigen, daß es das Wissen um die Inhalte des NLP eigentlich schon immer gab. Nur hatte es nicht immer diesen Namen. Also blättern Sie einfach weiter.

Die Prinzessin, die den Mond haben wollte

Die kleine Prinzessin war traurig. Beunruhigt fragte die Königin sie, warum sie so traurig sei. »Ich möchte den Mond haben«, erwiderte das kleine Mädchen und sah die Mutter mit Tränen in den Augen an. »Er ist so schön.« Die Königin tätschelte beschwichtigend den Lockenkopf ihrer Tochter, murmelte etwas Unverständliches und verließ mit sorgenumwölktem Gesicht das Zimmer der Prinzessin. Sie berief ihren Hofrat ein und unterbreitete ihm ungeduldig das Problem.

Der Magier trat vor. »Majestät, der Mond ist ein wagenradgroßer Pfannkuchen, den der Fenriswolf binnen eines Monats bis auf ein klitzekleines Stück, dem menschlichen Auge unsichtbar, auffrißt. Würde man – nach Bewältigung unsäglicher Gefahren – den Mond entwenden, so stürzte der Fenriswolf hungrig auf die Erde hinab, und wir wären uns unseres Lebens nicht mehr sicher. Ich halte den Wunsch der Prinzessin für unerfüllbar, denn ...«

Die Königin winkte ungnädig ab, und der Magier trat zurück.

Als nächster äußerte sich der Priester: »In unseren alten Schriften ist zu lesen, daß es sich beim Mond um eine Kupferscheibe handelt, welche Hunderte von Metern hoch aufgehängt ist. Sein Durchmesser ist doppelt so groß wie Euer ganzer Palast. Es gibt keine Leiter, die groß genug wäre, ihn zu holen.« Die Königin hob mißbilligend die Augenbrauen, und der Priester schwieg beleidigt.

Zuletzt ließ sich der Astronom vernehmen. Er räusperte sich wichtigtuerisch und begann: »Der Mond ist ein riesiger toter Gesteinsbrocken, Tausende von Kilometern weit entfernt, und sein Umfang ist mehrmals so groß wie Euer Königreich, oh Königin. Menschliche Kraft vermag nie und nimmermehr, ihn herabzuholen.« Alle blickten bestürzt zu Boden.

»Das nützt mir alles nichts. Was soll ich denn nur meiner Tochter sagen?!« herrschte die Königin ihre Gefolgschaft an. Betretenes Schweigen trat ein.

»Ich will keine Gründe hören, warum das nicht geht, ich will eine Lösung, meine Herren!«

Als die Königin kurz davorstand, in einen königlichen Wutanfall auszubrechen, meldete sich zaghaft eine erst kürzlich eingestellte Kammerzofe zu Wort, ein blutjunges Ding.

»Du?« wunderte sich die Königin, »du hast eine Lösung?«

Die Zofe erwiderte schüchtern: »Ich nicht, Eure Hoheit, aber möglicherweise die alte Frau, die täglich die Kräuter für die Küche bringt. Sie hat, glaube ich, zuletzt mit der Prinzessin gesprochen.«

Die Königin gebot dem aufkommenden empörten Gemurmel Einhalt und ließ die Kräuterfrau unverzüglich herbeiholen.

»Ja«, sagte die Alte in das gespannte Schweigen hinein, »die Prinzessin hat mir von ihrem Wunsch erzählt. Ich habe sie dann gefragt, was sie denn mit dem Mond machen wolle. Sie sagte, sie wolle ihn sich um den Hals hängen. Auf meine Bedenken, er sei vielleicht zu groß, beruhigte sie mich, er sei doch nur so groß wie ihr Daumennagel. Ich war erstaunt, wie genau sie das wußte. Es sei ganz einfach, sagte sie, wenn sie ein Auge zukneife, könne sie den ganzen Mond mit dem Daumennagel bedecken. Der Mond müsse daher genau diese Größe haben. Das leuchtete mir ein, und sie ergänzte, vermutlich sei er aus Silber. Nun wollte ich wissen, wie hoch oben er sei und ob man ihn denn holen könne. Sie lachte. Der Gärtner müsse nur abends auf den hohen Baum vor ihrem Fenster klettern, denn der Mond bliebe jeden Abend zwischen den Zweigen hängen, da könne man ihn bestimmt abnehmen.«

»Ja, du hast tatsächlich die Lösung gefunden, im Gegensatz zu meinen Experten.«

Die Königin blickte triumphierend auf ihre Berater, die sich verlegen wanden, und befahl dem Hofjuwelier, unverzüglich eine Kette mit einem Silbergeschmeide von der Größe des Daumennagels der Prinzessin anzufertigen.

Da meldete sich aufgeregt der Priester zu Wort: »Da gibt es noch ein Problem, Königin. Jetzt ist Neumond, doch was geschieht, wenn wieder Vollmond ist und der ganze Schwindel herauskommt?« Hämisch grinsend schaute er zu der Kräuterfrau hinüber. Alle, auch die Königin. sahen sie fragend an. Doch die Kräuterfrau zuckte unbekümmert mit den Achseln. »Ich kann sie ja fragen, wie sie sich das vorstellt.«

Die Königin entließ sie mit erleichtertem Nicken, während der Hofrat in aufgeregtes Diskutieren verfiel.

Es dauerte nicht lange, bis die Kräuterfrau zurückkehrte. Jäh brachen die Diskussionen ab, und sie berichtete: »Die Prinzessin hat mich ausgelacht. Sie sagt, jedes Kind wisse doch, daß sogar das Gras alle paar Wochen gemäht werden muß, weil es schnell nachwächst. Sie sei sicher, daß auch der Mond nachwachsen würde.«

Die Königin ernannte die Kräuterfrau zu ihrer persönlichen Beraterin, und alle, bis auf den Hofrat, lebten glücklich weiter.

Eigentlich tat die Kräuterfrau nichts weiter, als die richtigen Fragen zu stellen, statt schon im Voraus Antworten zu wissen, was übrigens eine Grundfertigkeit des NLP ist.

Sie haben das Märchen tatsächlich gelesen? Dann wird es Zeit zu entdecken, was Sie vielleicht schon immer in Ihrer Praxis getan haben, und auch, welche Anregungen ihnen die vorliegende kompetente Einführung zu geben vermag, wohl das erste Buch, das die NLP-Methode auf gelungene Weise in den ärztlichen Alltag übersetzt. Viel Spaß und genug der Er-Öffnungen.

Dr. med. Henning Alberts
Arzt für Neurologie und Psychiatrie
Mitbegründer der *Synapse*

1

Mein Weg zum NLP

Beim Schreiben dieses Buches wurde mir ein Teil meiner Entwicklung wieder bewußt. Erstaunlich für mich ist dabei, wie sehr frühe Prägungen mein Selbstverständnis von heute beeinflussen. Ich bin 1950 geboren. Mein Vater hatte dafür gesorgt, daß die ganze Wohnzimmerwand mit Büchern vollstand. Da es kein Fernsehen gab und unsere gewohnten bildgebenden Medien noch nicht präsent waren, erlebte ich die Welt über das geschriebene Wort. Meine Eltern regten mich an, zu lesen, zu fragen, Antworten zu suchen und in den Büchern zu stöbern. Ich kam in jungen Jahren mit allem möglichen Lesestoff in Kontakt. Für unser heutiges Thema interessant war die damals verfügbare esoterische Literatur und Lebensschulliteratur. Faszinierend waren Bücher wie »Das Erfolgssystem« von Schellbach oder die Schriften K.O. Schmidts. Die amerikanischen Philosophen, die Neugeistbewegung, Anthroposophie, sogar okkulte Schriften und mystische Elaborate las ich, ohne eigentlich so recht zu wissen, welche Perlen ich vor Augen hatte. Die unvoreingenommene Lektüre weitete meinen jugendlichen Horizont und ließ ein Gefüge von Werten und inneren Haltungen entstehen, die mir heute noch wichtig sind. In vielen dieser Bücher wurde immer wieder beschrieben, was man tun muß, um ein glückliches und gesundes Leben führen zu können, wohingegen nur selten beschrieben wurde, WIE das zu bewerkstelligen ist.

Während meiner Schulzeit erkrankte mein Vater. Dies war ein materielles Unglück, ideell jedoch für mich ein Segen, da ich mich in einer schwierigen Zeit mit dieser *Vaterfigur* auseinandersetzen konnte. Ich schätze noch heute sein ruhiges, nicht wertendes Zuhören, das mir erlaubte, eigene Schlüsse zu ziehen, Autoritäten in Frage zu stellen und mit unterschiedlichen Standpunkten zu experimentieren. Während seiner Erkrankung erlebte ich, was es bedeutet, Angehöriger eines Patienten zu sein und welche Bedeutung Krankheit und finanzielle Not für eine Familie haben können.

Meine Mutter starb, als ich 18 Jahre alt war, an den Folgen eines malignen Melanoms. Dieses Mal wurde ich mit dem Tod konfrontiert, mit einer tödlich endenden »*Patientenkarriere*«. Es waren wichtige Erfahrungen, vom Nichterkennen der Erkrankung durch Ärzte und Heilpraktiker über die maximale Therapie und Betroffenheit bis zum stillen Leiden und Abschiednehmen. Ohne das nötige Rüstzeug zu haben, erlebte ich das ganze Spektrum von menschlicher Zuwendung, Distanz und Ablehnung im medizinischen Betrieb. Psychologie, Psychosomatik oder Kommunikation waren in jener Zeit für den »normalen« Menschen eher suspekt, im Krankenhaus war davon überhaupt nichts zu spüren, zu sehen oder zu hören.

Meine eigene Zeit als Patient erlebte ich als junger Soldat. Mit einer idiopathischen Thrombocytopenie ist der Erkrankte zwar ohne Krankheitsgefühl, trotzdem kann er an jeder Bagatellverletzung verbluten. Ich hatte das Privileg, an einer Universitätsklinik untersucht und behandelt zu werden. Es war spannend, die Interaktion der Chefs mit ihren Oberärzten, der Oberärzte mit den Stationsärzten, der Schwestern mit den Ärzten und aller Helfer mit den Patienten zu erleben. Ich werde nie die Begrüßung durch einen jungen Pfleger vergessen, als ich auf die onkologische Station kam. Er sagte: »Herzlich willkommen! Wer hier herkommt, ist noch öfter unser

Gast.« Und er meinte es wirklich gut. Ich erfuhr, was es heißt, wenn am Krankenbett *über mich* und nicht *mit mir* gesprochen wird, und ich erlebte das Ausgeliefertsein an einen Apparat. Als ich einen vorgeschlagenen Eingriff ablehnte, meinte eine Koryphäe, daß man mich nicht vom Selbstmord abhalten könne. Die Geschichte meiner Genesung ist ein Kapitel für sich. Die Zeit als Patient hat mein Arztbild und die Maßstäbe, die ich an die Medizin anlege, sehr geprägt.

Ich wollte Landarzt, auf jeden Fall Arzt für Allgemeinmedizin werden. Mein Studium fiel in die Zeit der Umstellung auf das Multiple-Choice-System. Die Hörsäle waren noch überschaubar, und die Professoren hatten noch ein persönliches Interesse an den ihnen anvertrauten Eleven. Meine Weiterbildung war sehr breit angelegt. Anästhesie, Innere Medizin, Chirurgie, Gynäkologie und Geburtshilfe waren wichtige Stationen. Fünf Jahre lang wechselte ich von Haus zu Haus und von Abteilung zu Abteilung. Verschiedene ärztliche Lehrer prägten mich, vermittelten mir reiche menschliche Erfahrungen, waren mir positive und negative Vorbilder.

Die Ziele änderten sich. Heute bin ich Arzt für Allgemeinmedizin in einer Gemeinschaftspraxis in einer Industriestadt. Die sprechende Medizin ist für mich ein großes Anliegen. Ich merkte sehr bald, daß das Studium mich mit einer Riesenfülle von Wissen und auch Fertigkeiten ins Arbeitsleben entlassen hat, daß aber Themen wie Personalführung, Zeitmanagement, Interaktion, Kommunikation, Umgehen mit Kritik, Erweitern von Spielräumen und Wecken von Fähigkeiten nicht zum Repertoire von Studium und Weiterbildung gehörten. Inzwischen ist es mein Ziel, daß meine Patienten etwas mitbekommen, das es ihnen erlaubt, über die momentane Beschwerde oder Krankheit hinaus selbstverantwortlich mit sich umzugehen. Dabei vermittle ich Diätetik so, wie es einst gemeint war, nämlich als Kunst der Lebensführung.

1991 las ich zum ersten Mal in einem Buch über NLP. Ich war vom ersten Buchstaben an gefesselt, und es hat mich bis heute nicht losgelassen. Inzwischen habe ich eine sehr intensive Ausbildung durchlaufen, die ich zusammen mit meiner Frau absolvierte. NLP ist sofort anwendbar, es ist frei von ideologischem Geplänkel, es ist effektiv und wie auf die Arztpraxis zugeschnitten. Trotzdem fehlte bislang ein NLP-Buch aus der ärztlichen Praxis für die ärztliche Praxis. Hier ist es.

2

Einführung

NLP - Ein Modell aus der Praxis für die Praxis

Ärzte lernen in unserem Land sechs Jahre an einer Universität und eine unterschiedliche Anzahl von Jahren in einer Klinik, um sich auf ihren verantwortungsvollen Beruf vorzubereiten. Es wird ein riesiges Wissen vermittelt. Die notwendigen manuellen Fertigkeiten werden unter unterschiedlichen Bedingungen eingeübt. Das gesamte Wissen über Krankheit und Gesundheit ist nicht mehr überschaubar, was zu einer Vielzahl von Fachspezialisierungen geführt hat. Die Facharztausbildung findet in der Klinik statt. Dort erwirbt der Arzt Fertigkeiten in Diagnostik und Therapie, die unabdingbar sind. Sobald ein Arzt niedergelassen ist, merkt er sehr schnell, daß es viele Bereiche gibt, auf die er nicht vorbereitet wurde. Dazu gehört das »Zeitmanagement«, also der Umgang mit der eigenen Zeit und Kraft, die Personalführung, das »Marketing«, die Aspekte der Langzeitbetreuung von Patienten, die vielfältigen wirtschaftlichen Notwendigkeiten einer selbständigen unternehmerischen Tätigkeit, die forensischen Gesichtspunkte ärztlichen Tuns und die Kommunikation mit dem Computer.

Den Bereich der zwischenmenschlichen Kommunikation habe ich bei der Aufzählung ausgespart. Es wird schlicht vorausgesetzt, daß Ärzte kommunizieren können. Vermutlich liegt dies an der Tradition ärztlicher Ausbildung, die über Jahrhunderte hinweg Lernen am Vorbild eines klinischen Lehrers war. Bei ihrer Arbeit reden sie einen großen Teil des Tages mit Menschen unterschiedlichster Herkunft, sie fragen, hören zu, beraten, schauen, berühren, riechen, überzeugen und denken dabei gleichzeitig über die Diagnose, die Differentialdiagnose, das Procedere und die notwendige Therapie nach. Zusätzlich legen sie Hand an bei Untersuchungen mit und ohne Gerät, sie operieren und manipulieren. Danach müssen sie dokumentieren, anweisen und organisieren, schreiben oder diktieren.

Dieses komplexe Geschehen betrifft prinzipiell jede Ärztin und jeden Arzt, aber auch jeden Heilpraktiker, Physiotherapeuten und jeden Berufsstand, der auf ähnliche Art mit Menschen zu tun hat. Patienten kommen zu uns, wir tun unser Bestes, und wir haben Erfolg damit.

Was haben Sie also davon, sich intensiver mit den kommunikativen Aspekten Ihrer Arbeit auseinanderzusetzen? Eine ähnliche Frage führte zur Entwicklung des NLP. Die Frage lautete: WAS TUN EFFEKTIVE PSYCHOTHERAPEUTEN, DAMIT IHRE KLIENTEN IN DER THERAPIE ERFOLGREICH SIND? Das Ergebnis war ein Wort-Ungetüm und für manche ein Reizwort: **NLP** - *Neurolinguistisches Programmieren*. Dieses Wort wurde in einer Zeit geboren, als zum ersten Mal kybernetisches Denken, die Computerwissenschaften und die Atomphysik mit Philosophie und Psychologie zusammentrafen. Die Arbeiten von Bateson und Watzlawick gaben den philosophischen Hintergrund. Sie machten bewußt, wie wirksam die Sprache bei der Erzeugung unserer Wirklichkeit ist. John Grinder und Richard Bandler, die Begründer des NLP, waren unterschiedlicher wissenschaftlicher Herkunft. Der eine war Professor für Linguistik, der andere Student der Psychologie an der Universität von Santa Cruz in Kalifornien. Die Forschungsarbeit, der sich die beiden Ende der sechziger Jahre stellten, war eng umgrenzt. Es ging darum, das sprachliche Muster dreier Psychotherapeuten, die in jener Zeit besonders erfolgreich und fortschrittlich waren, zu erforschen. Dabei untersuchten sie zunächst nur, **welche** Worte bei der therapeutischen Arbeit **wie** benutzt wurden. Die ausgewählten Modelle waren:

- die Familientherapeutin Virginia Satir
- der Gestalttherapeut Fritz Perls
- der Hypnotherapeut Milton H. Erickson.

Diese Menschen waren von Geschlecht, Alter, Persönlichkeit, Herkunft und therapeutischer Schule her unterschiedlich. Erstaunlicherweise waren sich die effektiven Sprachmuster sehr ähnlich, und zwar unabhängig vom vermittelten Inhalt. Die Erkenntnisse, die aus diesen linguistischen Beobachtungen gewonnen wurden, ergaben zwei grundlegende NLP-Modelle, nämlich das METAMODELL DER SPRACHE und das MILTON-MODELL. Als Bandler und Grinder diese Sprachmuster bei Klienten erprobten, erlebten sie eine dramatische Verbesserung ihrer kommunikativen Kompetenz. Trotzdem fehlten wesentliche Elemente.

Satir, Perls und Erickson waren um ein Vielfaches effektiver, als sich mit einer Kopie der Sprache imitieren ließ. Die beiden Forscher gingen nun weit über den linguistischen Ansatz hinaus. Sie untersuchten die therapeutische Arbeit ihrer Modelle, indem sie unterschiedliche Schwerpunkte setzten und ihre Aufmerksamkeit auf die nonverbalen Elemente der Kommunikation lenkten. Sie beobachteten Gestik und Mimik, die Bewegungen im Raum, die Berührungen und die unterschiedlichen Betonungen im Gebrauch der Sprache. Aus all diesen Elementen wurde das entwickelt, was uns heute am NLP so beeindruckt. Die große Leistung von Bandler und Grinder bestand darin, aus diesen vielen Daten ein überschaubares, lehrbares und effektives System der therapeutischen Kommunikation zu entwickeln. Es wurde dadurch relativ einfach, kommunikative Sequenzen isoliert anzuwenden und damit überraschende Erfolge zu erzielen. Leider war es nicht so einfach, auch die menschliche Wärme, die Ethik und das Menschenbild der Modellpersönlichkeiten zu vermitteln. NLP kam rasch in den Ruf, sehr manipulativ zu sein. Es wurde anfänglich in der Werbung, in Verkaufstrainings und in Managerschulen vermittelt, einzig mit dem Ziel, andere Menschen gegen deren Willen zu beeinflussen. In psychotherapeutischen Kreisen erstarkte bald eine Gegenbewegung, die Verantwortung und ethische Aspekte besonders betonte und konsequent lehrte.

Wenn Sie NLP im therapeutischen Umgang mit Ihren Patienten anwenden, merken Sie sehr bald, daß die im NLP gelehrten Therapie- und Kommunikationsmodelle einen eingebauten Schutz für den Patienten und den Therapeuten haben. Es zeigt sich, daß jeder Manipulationsversuch vom Patienten bzw. von seinem Unterbewußtsein sehr wohl bemerkt wird und Folgen für die Patient-Arzt-Beziehung hat. In den meisten psychotherapeutischen Schulen wird sehr intensiv mit dem sogenannten Widerstand des Klienten gearbeitet. Im NLP ist dieser Widerstand lediglich ein Zeichen für die mangelnde Flexibilität des Kommunikators. Unsere Vorannahme dabei ist, daß der Klient bewußt oder unbewußt das Beste tut, wozu er im jeweiligen Moment aufgrund seiner Lebenserfahrung fähig ist. Wir gestehen ihm dabei das Recht zu, daß er sich gegen jede Manipulation wehrt, die seinem Lebenskontext zuwiderläuft.

NLP ist jedoch mehr. Es liefert einerseits sehr effektive Modelle für die zwischenmenschliche Kommunikation, andererseits ist es eine GEBRAUCHSANWEISUNG fürs Gehirn, so daß es möglich ist, sich vom Gehirnbesitzer zum Benutzer desselben zu mausern. In den vergangenen 25 Jahren sind unsere

Erkenntnisse über das Gehirn und das Nervensystem geradezu explodiert. Wir wissen, daß unser Gehirn aus mindestens 25 Milliarden Nervenzellen besteht. Jedes menschliche Gehirn verfügt über eine immense Anzahl kleinster »Recheneinheiten«. Diese Nervenzellen sind mit ihren Dendriten und Neuronen so untereinander verbunden, daß ca. 10^{800} synaptische Verbindungen vorhanden sind, eine Zahl, die größer ist als die der rechnerisch ermittelte Gesamtzahl der Atome im Universum. Das wiederum ist so unvorstellbar, daß ich einfach sage: *Jeder von uns hat das Universum im Kopf.*

Wir erleben zur Zeit eine Vernetzung von Computern, also von kleinsten Recheneinheiten, die mit elektrischen Leitungen weltweit immer stärker miteinander verknüpft werden. Dieses entstehende Netz hat für mich sehr viel Ähnlichkeit mit der synaptischen Struktur unseres Gehirns. Wir erzeugen Multimedia und virtuelle Realität – alles Surrogate unserer normalen Hirnaktivität. Wir bemerken eine plastische Anpassung der Gehirne unserer Kinder an die visuelle und akustische Reizüberflutung. Sogenannte *Brainmaps* erlauben uns, direkt nachzuweisen, daß ein Kind, das heute aufwächst, visuelle Reize anders verarbeitet als die fernsehfreie Generation davor.

Angesichts dieser rasanten Veränderung unserer Welt bietet NLP Modelle und Möglichkeiten, flexibel auf Veränderung zu antworten. Es erlaubt uns, mit den Menschen, die uns anvertraut sind, und natürlich auch mit uns selbst auf eine effektivere, respektvollere und ökonomischere Art umzugehen. Es gestattet uns, uns dem Wandel anzupassen UND dabei unsere Identität zu bewahren. Und es bietet das Handwerkszeug für die Entwicklung neuer Modelle für die Zukunft.

3

Selbstverständliches in bezug auf Kommunikation

Liebe Leserin, wie Sie sicher bemerkt haben, sind die Formulierungen der ersten Seiten auf einen männlichen Leser zugeschnitten. Die deutsche Sprache erschwert es, beide Geschlechter mit einem Wort anzusprechen. Ich werde deshalb von Kapitel zu Kapitel die Anrede wechseln. Allein an diesem alltäglichen Beispiel können Sie erkennen, wie wenig sprachliche Gepflogenheiten hinterfragt werden. Für Angehörige von Heilberufen scheint Kommunikation etwas Selbstverständliches zu sein. Dies wird nur in Frage gestellt, wenn Schwierigkeiten auftreten. Ich denke dabei an die Übergabe von einer Schicht zur anderen im Krankenhaus, im Altenpflegeheim und in der Praxis oder an den Informationsaustausch zwischen Ärzten im Krankenhaus und den niedergelassenen Kollegen.

Ärzte sind im klassischen Sinn Dienstleister, im neueren Sprachgebrauch Leistungserbringer. Der erste Begriff bedeutet, daß eine Leistung erbracht wird, indem Sie jemandem einen *Dienst* leisten und dafür honoriert werden. Der zweite Begriff bedeutet, daß Leistungen erbracht werden, die *Kosten* verursachen. Es hängt davon ab, von welchem Standpunkt aus und mit welcher Voranname Sprache verwendet wird. Helfende Berufe erbringen Leistungen, indem sie bestimmte Bedürfnisse erfüllen. Das gesprochene Wort ist selbstverständliches, in der Regel nicht hinterfragtes Vehikel Ihrer täglichen Arbeit. Dabei ist es gleichgültig, ob Sie als Arzthelferin oder Hebamme, Kranken- oder Gemeindeschwester, Heilpraktiker oder Physiotherapeut, Arzt oder Ärztin in Klinik oder freier Praxis tätig sind. Obwohl sich die Schwerpunkte und Inhalte fachspezifisch unterscheiden, reduziert sich der kommunikative Aspekt der menschlichen Begegnung auf wenige grundlegende Prozesse:

Information aufnehmen
Information verarbeiten
Information weitergeben

Diese Prozesse finden laufend statt. Sie sind so automatisiert, daß wir, solange es scheinbar gut läuft, keinen Gedanken daran verschwenden. In der Arzt-Patient-Begegnung war es lange so, daß die Fachautorität des Arztes ausreichte, beim Patienten das erwünschte Verhalten zu bewirken. Die relativ neuen Begriffe *»Compliance«* und *»Noncompliance«* deuten darauf hin, daß es der Patient schon immer verstanden hat, ärztliche Anweisungen zu umgehen, zu befolgen oder zu verweigern. Erst in letzter Zeit wird darüber gesprochen und nach Möglichkeiten gesucht, diese ominöse *Compliance* zu verbessern. Für diese Verweigerungshaltung des Patienten wurden Worte gefunden wie Unverständnis, Renitenz, Dummheit, Widerstand und Ignoranz. Von Seiten der Patienten entstanden dann Bilder vom Herrgott in Weiß, der Arroganz der Mediziner und Schlimmeres.

Durch die Einführung des psychosomatischen Denkens in die Medizin und die Vermittlung psychologischer Grundkenntnisse in Studium und Ausbildung entstand mehr Offenheit. Das Verhalten bzw. Nichtverhalten des Patienten wird bewußter wahrgenommen und ein möglicher sekundärer Gewinn hinterfragt. Die kommunikative Kompetenz des Arztes ist nicht Bestandteil der Ausbildung. Ebensowenig wird vermittelt, wie mit Schwierigkeiten in der Interaktion, mit der eigenen Verletzlichkeit oder mit Kritik nützlich umgegangen werden kann. Im pflegerischen Bereich gibt es immer mehr Angebote zur Supervision. Ärzte besuchen Balintgruppen. Andere nehmen Veranstaltungen wahr, die sich mit Marketing, Zeitmanagement oder Moderation befassen. In Kursen über Körpersprache erfahren Sie, daß das gesprochene Wort in einer kommunikativen Beziehung nur 7 Prozent der Botschaft ausmacht. Auch wenn Sie die konkrete Bedeutung für Ihren Arbeitsalltag vermittelt bekommen, sind die gehörten Inhalte im täglichen Streß schnell vergessen.

Wer sich einmal dafür interessiert, findet wunderschöne Kommunikationsmodelle, die alle wertvolle Erkenntnisse bieten. Ich habe mich besonders beschäftigt mit Gordons »aktivem Zuhören« und seiner »Familienkonferenz«, mit Birkenbihls »Psycho-logischem Verhandeln« und ihrem »hormo sapiens«, mit Schulz von Thuns »Miteinander reden«, mit Coveys »Mitfühlendem Zuhören« und dem Harvard-Konzept der Verhandlung. Jeder einzelne Autor ist empfehlenswert und vermag die Kommunikation zu verbessern. Trotz alledem fand ich es schwer, solche Techniken in die Praxis umzusetzen. Dagegen konnte ich NLP sofort anwenden. Es liegt wohl daran, daß die Grundfertigkeiten des Kommunizierens in kleinen Häppchen vermittelt und geübt werden. Es liegt daran, daß Sie nichts glauben müssen, was Sie nicht selbst ausprobiert und bei sich selbst erlebt haben, und daran, daß Sie lernen, mit sich selbst auf eine neue Art und Weise umzugehen. Dadurch wird es möglich, daß Sie für sich selbst Anwendungen finden und erfinden, die Sie sofort kreativ und spielerisch in Ihren Lebensbereich integrieren können.

Als ich mit dem Medizinstudium begann, wurde Gesundheit von der WHO als völliges körperliches, geistiges, seelisches und soziales Wohlbefinden definiert. Der mündige Patient wurde propagiert. Das kritische Bewußtsein gegenüber Ärzten, allopathischen Medikamenten und der Apparatemedizin wurde gefördert. Unsere Patienten sind tatsächlich mündiger und kritischer geworden. Die Medien haben die medizinische Aufklärung übernommen. Der Laie ist mit einer Überfülle an Information und Wissen über Gesundheit und Krankheit konfrontiert. Dabei wird es für ihn immer schwieriger, die Informationen sinnvoll zu bewerten. Es entstehen Ängste und Unsicherheiten. Auch wir Ärzte sind einer Fülle von Informationen ausgesetzt, die sich nur schwer verdauen lassen. Wie unser Gehirn damit umgeht, werden Sie in den späteren Kapiteln erfahren.

Wo so viel Wissen zugänglich ist, entsteht zwangsläufig der Wunsch, damit zu experimentieren. Es gab noch nie in der

Menschheitsgeschichte eine solche Vielfalt von möglichen Lebens- und Heilweisen. Die größte soziale Not gehört längst der Vergangenheit an, die früher grassierenden Infektionskrankheiten haben ihren Schrecken verloren, Hygiene und Ernährung haben eine nie dagewesene Qualität erreicht, und die medizinische Versorgung entspricht einem Standard, von dem frühere Generationen nur träumen konnten. Auf dieser Basis versuchen unsere Patienten, die schulmedizinische Behandlung zu ergänzen oder zu ersetzen. Sie machen Versuche mit Akupressur und Elektroakupunktur, Bachblüten und Reiki, Aroma- und Farbtherapie, sie probieren eine Behandlung mit edlen Steinen und Düften. Die Sterne oder das Pendel werden befragt. Arzt und Heilpraktiker werden gleichzeitig wegen derselben Beschwerde konsultiert. Man läßt sich rolfen, macht Feldenkrais oder T'ai Chi Chuan, ernährt sich vegetarisch, vollwertköstlich oder anthroposophisch, beschäftigt sich mit ayurvedischer Medizin, läuft über Feuer, macht tiefe Erfahrungen mit Rebirthing und Heilfasten, experimentiert ein bißchen mit Traditioneller Chinesischer Medizin oder mit Homöopathie für den Hausgebrauch, erprobt magische Riten, legt Karten, setzt Kräuter und Tees an, macht Salben und Schnäpse aus Kräutern, Blut und Exkrementen. Mit solchen Alternativen sind Sie im helfenden Beruf konfrontiert, ob Sie es von Ihren Patienten erfahren oder nicht. Diese Aufzählung hat keinen wertenden Charakter. Sie beschreibt lediglich eine weitere »Selbstverständlichkeit«. Als Therapeut erfahren Sie nie alles, was so nebenbei läuft. Es ist eigentlich auch nur dann von Relevanz, wenn Ihre eigene therapeutische Tätigkeit davon tangiert wird, also wenn unterschiedliche Heilmethoden miteinander interferieren, oder bei Nebenwirkungen nicht erwähnter Naturheilmittel.

Wenn etwas zu selbstverständlich oder zur Routine geworden ist, lohnt es sich immer wieder, es in Frage zu stellen. Wir leben in unterschiedlichen Kontexten und Realitäten. Wir haben unterschiedliche Vorannahmen und Standpunkte. Trotzdem gehen wir davon aus, daß der andere dasselbe meint wie wir, daß wir von derselben Sache sprechen und er uns doch eigentlich verstehen müßte. Daß es so einfach nicht ist, werden Sie inzwischen schon gemerkt haben. Vielleicht sind Ihnen interessante Assoziationen gekommen, oder Sie sind schon dabei, Ihren Alltag nach unreflektierten Selbstverständlichkeiten zu durchforsten.

4

Rapport – Pacing – Leading

Liebe Leserin, lieber Leser, Sie gehen jeden Tag mit Menschen um. Sie sind professionelle Kommunikatoren. Und seien Sie versichert: Sie machen Ihre Arbeit gut. Sonst hätten Sie weder Anstellung noch Patienten, weder Klienten noch Personal. Wenn Sie selbständig und auf »Kundschaft« angewiesen sind, ist es allemal sinnvoll, sich einmal Gedanken darüber zu machen, warum Menschen überhaupt zu Ihnen kommen und bei Ihnen Hilfe suchen. Klar, Sie haben viel gelernt, Sie haben eine große fachliche Kompetenz, Sie beherrschen eine Spezialität, wie Homöopathie, Chirotherapie, Phlebologie, Naturheilkunde, Akupunktur, oder man kann mit Ihnen besonders gut reden. Was auch immer Sie auszeichnet: Warum kommen diese Patienten zu Ihnen? Warum bleiben sie Ihnen treu? Warum wandern sie ab? Das alles hat etwas zu tun mit dem, was wir im NLP mit **Rapport** bezeichnen. Dieser Begriff kommt ursprünglich aus der Hypnose. Er besagt, daß eine Verbindung, ein besonderer Kontakt entstanden ist, der es dem Hypnotiseur erlaubt, den Hypnotisanden in Trance zu versetzen. Per definitionem ist es der unmittelbare verbale und gefühlsmäßige Arzt-Patient-Kontakt in der Hypnose. Bei Freud ist Rapport der Prototyp der Übertragung. Die meisten von Ihnen werden Rapport nur vom Tapezieren her kennen. Dort bedeutet es, daß zwei Tapetenstücke nahtlos und mit ihrem Muster passend aneinander anschließen. Sie wissen selbst, wie schlecht es aussieht, wenn die Tapeten im Wohnzimmer keinen Rapport haben.

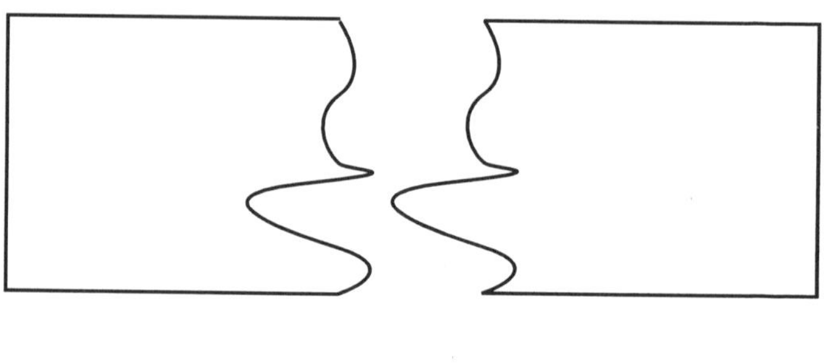

Lange bevor Sie einen Patienten zum ersten Mal sehen, hat dieser seinen Teil zum Rapport schon beigetragen. Dieser Patient war entweder schon bei Ihrem Vorgänger, oder Sie sind der einzige Doktor im Wohngebiet, oder er wohnt um die Ecke, oder er hat von Ihnen gehört. Vielleicht hat er Ihr Praxisschild gesehen, sich bei Nachbarn, Arbeitskollegen oder in der Apotheke erkundigt. Auf jeden Fall hat er eine Vorauswahl getroffen. Er kommt mit der Hoffnung, daß seine Bedürfnisse durch Ihr Leistungsspektrum befriedigt werden und daß sein Persönlichkeitsmuster mit dem Ihren harmonieren wird. Wenn er dann zum ersten Mal Ihre Praxisräume betritt, riecht er Ihre typische Praxisluft, sieht die Helferin hinter dem Tresen an der Anmeldung, nimmt die Farben wahr und bekommt einen Eindruck von der vorherrschenden Atmosphäre. Er hört die Stimmen, das Telefon, die Sprechanlage und sieht, wie die Anwesenden miteinander umgehen. Vielleicht erhascht er auch schon einen Blick auf Sie. Dann geht er ins Wartezimmer, sucht sich einen Platz, sieht, wie viele Patienten warten, nimmt sich eine Zeitschrift, bemerkt, wie alt sie ist, er nimmt die Bilder an der Wand und die Pflanzen wahr. Er hört, was die Wartenden erzählen. Dann übt er sich in Geduld und wartet auf den großen Augenblick. So oder ähnlich ergeht es ihm auch bei den folgenden Praxisbesuchen.

Und erst nach alldem beginnt **Ihr** aktiver Anteil am Arzt-Patient-Kontakt.

Natürlich haben Sie auch Ihren Teil der Vorarbeit geleistet, indem Sie Ihre Praxis entsprechend Ihrer Persönlichkeit eingerichtet und sich Ihr Personal entsprechend ausgesucht haben. Vielleicht ist es das erste Mal, daß Sie, liebe Kollegin, und Sie, lieber Kollege, sich dankbar bewußt machen dürfen, wieviel Vorarbeit ein Patient geleistet hat und wieviel Vertrauensvorschuß er Ihnen gibt, noch bevor Sie eine Chance haben, ihn zu behandeln. Andererseits erfahren Sie auch nie, welche Patienten und aus welchen Gründen vorbeigegangen sind. Übrigens erfahren wir selten, weshalb Patienten wegbleiben.

Wenn der Patient Ihr Sprechzimmer betritt oder Sie ihn hereinbitten, beginnt das kommunikative Spiel. Wie gehen Sie auf den andern zu? Wie begrüßen Sie ihn, wie sprechen Sie ihn an? Vermeiden Sie den direkten Blickkontakt, oder blicken Sie ihn schon mit Röntgenaugen an? Wie ist Ihre Stimme? Sprechen Sie schnell oder langsam, Hochdeutsch oder Dialekt, kalt und beherrscht oder mit Wärme in der Stimme? Rapport beginnt mit diesem ersten Wahrnehmen von Körperhaltung und Blick, Händedruck und Stimme. Diese nonverbalen Informationen werden gleichzeitig beim Patienten über Sie und bei Ihnen über den Patienten aufgenommen und verarbeitet.

Schon in den ersten Augenblicken glaubt jeder zu wissen, wes Geistes Kind der andere ist und ob man miteinander auskommen wird oder nicht. Das alles läuft völlig unbewußt. Interessant wird es dann, wenn scheinbar kein Rapport zustande kommt. Was glauben Sie, was im Patienten vorgeht, wenn Sie am Computer kleben, ihn beiläufig begrüßen und ihn zunächst einmal nur flüchtig anschauen? Oder wenn Sie vermeiden, ihn mit seinem Namen anzureden, oder wenn Sie auf die Uhr schauen, während er Ihnen von seinen Problemen erzählt? Ebenso interessante Reaktionen können Sie hervorrufen, wenn Sie während des Gesprächs gähnen, die Fingernägel saubermachen oder an der falschen Stelle lachen. Sie meinen, das sei übertrieben? Nein! Das sind alltägliche Vorkommnisse beim Kontakt mit Menschen.

Was ist statt dessen notwendig, um Rapport aufzubauen und zu halten? Ohne einen Gedanken an Psychotherapie und Hypnose zu verschwenden, gelingt es Ihnen, einen engeren Kontakt herzustellen, wenn Sie PACEN. Dieser Begriff läßt sich ins Deutsche am besten übertragen mit der Vorstellung, daß Sie mit jemandem »im gleichen Schritt gehen«. Das indianische Sprichwort: »Wenn du einen Mann verstehen willst, mußt du zuerst einige Tage in seinen Mokassins gegangen sein«, drückt dasselbe aus. Es bedeutet, den andern dort abzuholen, wo er sich momentan seelisch und körperlich befindet. Vielleicht erinnern Sie sich an eine Episode Ihres Lebens, in der Sie sich mit einem Menschen auf eine ganz besonders wohltuende Art und Weise unterhalten haben. Möglicherweise fand dieses Gespräch sogar während eines Spaziergangs statt. Wenn Sie sich JETZT an eine solche Gegebenheit erinnern, sie vor Ihrem geistigen Auge sehen und mit Ihrem inneren Ohr hören, mit wem Sie damals gesprochen haben, und dann auch spüren, wie angenehm es war, im gleichen Schritt zu gehen, fließend in die Bewegung, den Gang und die Gestik des Gesprächspartners einzutauchen und dabei die Erfahrung zu machen, im Moment des Aussprechens fast hellseherisch zu wissen, was der andere sagen wollte... Jeder von uns hat solche Erlebnissen in seinem Erinnerungsschatz. Momente, in denen man sich fast ohne Worte versteht und erfährt, wie leicht und mühelos es sein kann, auf diese Art und Weise miteinander zu reden.

DAS IST PACEN!

Optimal ist es, wenn dies ganz selbstverständlich und respektvoll geschieht. Im medizinischen Kontext ist es dabei wichtig, sich des Pacens bewußt zu sein, da es sehr leicht geschieht, daß Sie unbewußt Eigenheiten des Patienten zumindest vorübergehend in Ihr Bewegungs- und Gefühlsrepertoire übernehmen. Hier ist es wichtig, einige Techniken des Pacens in einem geschützten Rahmen zu üben und deren Wirkung an sich selbst zu erfahren. Sie können eine ähnliche Körperhaltung wie der Patient einnehmen. Sie können in seinem Atemrhythmus sprechen und atmen. Sie können sich seinem Sprechtempo anpassen. Sie können Gesten, Laute und besondere Körperbewegungen spiegeln. All das ist geeignet, den Rapport herzustellen und aufrechtzuerhalten, solange es respektvoll geschieht. Versuchen Sie doch einmal, mit Ihrem Patienten im gleichen Schritt zu gehen, seinen Atemrhythmus zu erspüren, eine kleine Geste nachzuahmen oder ein Wort ohne Wertung und Kommentar einfach zurückzusagen. Lassen Sie sich von der Wirkung überraschen. Eine Warnung: Wählen Sie anfangs einen Patienten oder eine Patientin, mit dem oder mit der Sie sich schon gut verstehen.

Bei einfachen, problemlosen und effektiven Arzt-Patient-Begegnungen ist es selten notwendig, sich darüber Gedanken zu machen. Handelt es sich jedoch um schwierige Patienten, problematische Themen, notwendige Verhaltensänderungen oder sonstige herausfordernde Gesprächssituationen, ist es wichtig, viel Zeit für das Pacen zu verwenden, um einen ausreichenden Rapport zu haben. Erst dann macht es Sinn zu

LEADEN!

Wenn diese Vorarbeit geleistet ist, ist es an der Zeit, gravierende Therapievorschläge zu machen oder eine therapeutische Intervention durchzuführen. Erst dann besteht die Chance, daß Ihr Patient offen ist für neue Einsichten und Gedanken über notwendige Verhaltens- oder Lebensweisen. Sind Sie solchermaßen mit Ihrem Patienten im Kontakt, bemerken Sie sehr frühzeitig, wenn ein Einwand auftaucht. Sie können ihn respektvoll aufnehmen und in Ihr ärztliches Handeln integrieren. Wenn Sie es nicht bemerken, werden Sie sehr viel mehr Energie brauchen, um mit dem Widerstand Ihres Patienten zurechtzukommen. Leaden – oder Führen – hat in diesem Sinne wenig zu tun mit manipulieren. Es handelt sich dabei eher um ein Angebot, das Sie in die Erlebenswelt des Patienten hineingeben. Die Chance ist groß, daß sich bei dieser Konstellation etwas bewegt, daß der Patient ein Aha-Erlebnis hat und ihm neue Erkenntnisse bewußt werden. Sie werden mir sicherlich zustimmen, wenn ich sage, daß dies Sternstunden in einer Arzt-Patient-Beziehung sind. Wann immer Sie so etwas erlebten, hatten Sie Rapport, hatten Sie bewußt oder unbewußt gepacet und zur rechten Zeit geführt.

Bandler und Grinder – die beiden Begründer des NLP – würden jetzt ausrufen: »**LÜGEN**! Alles Lügen! Glauben Sie kein einziges Wort!« Und ich kann dem nur zustimmen. Glauben Sie nichts von dem, was ich Ihnen hier erzähle. Es stimmt kein Wort.

PROBIEREN SIE ES AUS!

Vielleicht sind Sie neugierig geworden? Dann versuchen Sie doch die kommende Woche, darauf zu achten, wie Sie Rapport herstellen und halten. Vielleicht bemerken Sie auch, wie Sie in besonderen Fällen den Rapport abbrechen. Auch das ist eine wichtige Fähigkeit. Wie kommen Sie in diesen kommunikativen Tanz (pacen), und wie führen Sie Ihren Patienten dorthin, wo Sie meinen, daß es für ihn und seine Gesundheit richtig und wichtig ist (leaden)? Und vielleicht achten Sie darauf, welches Gefühl entsteht, wenn ein Gespräch gut lief, und welches Gefühl aufkommt, wenn es aus irgendwelchen Gründen schiefging. Es liegt nicht allein am guten Willen. Ein bißchen Technik ist ganz hilfreich. Viel Vergnügen beim Experimentieren.

Zusammenfassung: Rapport ist die Basis erfolgreichen kommunikativen Handelns. Der Weg dorthin geht über das Pacen. Erst dann kommt ein »führender« Schritt. Die Gefahr besteht in der manipulativen Absicht. Das Unterbewußtsein des Patienten merkt dies sofort und bricht den Rapport ab. Danach beginnt ein neuer Zyklus von Pacen, Rapport aufbauen, Rapport halten und leaden.

> *Aufgabe der Woche:* Was passiert, wenn ich Rapport habe? Was passiert, wenn ich ihn verliere? Und wie genau habe ich das erreicht?

5

Meine Insel - Deine Insel

In der Regel gehen wir davon aus, daß wir verstanden werden, wenn wir in derselben Sprache reden. Wenn Sie in der BRD aufgewachsen sind, kann die deutsche Sprache und der Kulturkreis als Verständigungsbasis genommen werden. Sprechen Sie jedoch mit einem Franzosen oder Engländer, ist es ganz selbstverständlich, daß Sie sich auf eine Sprache einigen. Sind Sie in der ehemaligen DDR groß geworden, sprechen Sie auch Deutsch, und trotzdem ist es notwendig, sich über den Gebrauch der gemeinsamen Sprache zu verständigen. Genauso ist es bei jeder zwischenmenschlichen Kommunikation, in der Politik, bei Verhandlungen und in der Ehe. Wir setzen Verständnis voraus und verzichten auf eine Begriffsklärung. Das ist völlig normal.

Während ich diese Worte für Sie schreibe, entstehen in meinem Kopf Sätze, ich sehe innere Bilder, empfinde Gefühle und aktiviere Erinnerungen. Formulierungen entstehen, werden geprüft und verworfen oder zu Papier gebracht. Während Sie die Worte lesen, erzeugt Ihr Gehirn eine ganz individuelle Repräsentation meiner Ausführungen. Sie mögen das Geschriebene Wort für Wort lesen, es gleichzeitig innerlich kommentieren und gefühlsmäßig darauf reagieren, in bezug auf meine Aussagen oder hinsichtlich der Implikationen, die für Sie daraus entstehen, oder bezüglich der Erinnerungen und Assoziationen, die in Ihnen aufgetaucht sind. Wenn Sie jetzt erstaunt sind, daß jemand Informationen so verarbeiten kann, machen Sie es wahrscheinlich ganz anders. Vielleicht erzeugen Sie sofort ein inneres Bild und verdichten damit das Geschriebene visuell. Je nachdem, in welchem Bereich der sinnesspezifischen Wortwahl ich mich befinde, fühlen Sie sich angesprochen, ist Ihnen das Gemeinte völlig klar oder zu langweilig, undurchsichtig oder klingt irgendwie komisch. Auch das ist völlig normal und für jedes Gehirn individuell anders.

Im NLP werden diese Repräsentationsebenen mit den Buchstaben V A K O G bezeichnet. Unsere Welt nehmen wir mit unseren fünf Sinnen wahr. Wir sehen (visuelle Modalität), wir hören (akustisch-auditiv), wir fühlen (kinästhetisch), wir riechen (olfaktorisch), und wir schmecken (gustatorisch). Aus diesen Elementen schaffen wir uns, zunächst unbewußt, das, was wir die reale Welt nennen. Ich möchte Sie an die Physikstunden erinnern, in denen Sie gelernt haben, welchen winzig kleinen Teil des elektromagnetischen Spektrums Sie mit den Augen wahrnehmen können und welchen kleinen Teil der Schallwellen Sie zu hören vermögen. Allein durch diese physiologisch bedingte Einschränkung filtert jeder von uns automatisch die reale Welt. Nach diesem ersten Filter sind weitere Filter nachgeschaltet. Die äußere Wahrnehmung wird im Gehirn verarbeitet, gefiltert, gebündelt, sortiert, bewertet, verglichen und den spezialisierten Zentren unseres Gehirns zugeleitet. Und erst dort sehen Sie, was Sie sehen, hören Sie, was Sie hören, und fühlen Sie, was Sie fühlen. Diese Prozesse sind bei jedem Menschen prinzipiell gleich. Sie werden modifiziert durch den genetisch bedingten Aufbau des Gehirns, die plastische Anpassung der synaptischen Verbindungen in der Interaktion mit der Umwelt und den im Laufe des Lebens stattfindenden Lernprozessen. Im Laufe der persönlichen Entwicklung wird ein Sinnessystem bevorzugt. Dies geschieht in den ersten Lebensjahren. Die Sozialisation, bzw. die soziokulturellen Gegebenheiten, fördern bestimmte Typen der Verarbeitung. Lange Zeit wurde in unserem Schulsystem derjenige gefördert, der gut mit Worten umgehen konnte. Diese Schüler haben einen lebhaften inneren Dialog. Sie wollen es ganz genau wissen. Was sie sagen, muß irgendwie richtig klingen, und sie achten darauf, was wir sagen, und sie wollen, daß wir Ihnen zuhören. Dabei kann es sein, daß sie an Ihnen vorbeischauen und den Kopf in die Hand gestützt haben, als würden sie telefonieren. Der Blick bleibt dabei in der Horizontalen oder nach links unten gerichtet, Stimme und Atmung sind in einer Mittellage. Die Wortwahl entspricht vorrangig der akustisch-auditiven Welt.

Inzwischen wird in unserer Gesellschaft durch den Einsatz visueller Medien der Sehtyp stärker gefördert. Diese Menschen atmen meist weiter oben im Brustkorb, ihre Stimmlage ist etwas höher, sie sprechen schneller und nehmen es mit Artikulation und Wortwahl nicht ganz so genau. Sie möchten klar sehen, wir sollen ihnen zeigen, wo es langgeht, sie brauchen ein Bild, Folder, eine Zeichnung oder eine bildhafte Beschreibung. Ihr Blick geht oft nach oben. Sie gebrauchen Worte, die vorwiegend der visuellen Welt entstammen, also z.B.: »Kein Durchblick«, »Ich habe einen Blackout«, »Da sehe ich schwarz« oder: »Ich habe eine strahlende Zukunft.«

Der kinästhetische Typ hat den Blick eher nach rechts unten gerichtet, die Atmung kommt mehr aus dem Bauch, und die Stimme klingt tiefer und langsamer. Er spricht mehr von seinen Gefühlen, seinen Körperempfindungen und dem, was er tasten und begreifen kann. Vielleicht erzählt er Ihnen, daß er spürt, wie ihm etwas den Hals zuschnürt, oder daß die Haut wie Feuer brennt. Sie sollen dafür sorgen, daß er sich wieder wohl fühlt und daß er die Füße wieder auf den Boden bekommt. Er mag es in der Regel auch, durch Berührung behandelt oder getröstet zu werden. Diese Art der Spezialisierung wird in unserer Arbeitswelt kaum mehr gefördert.

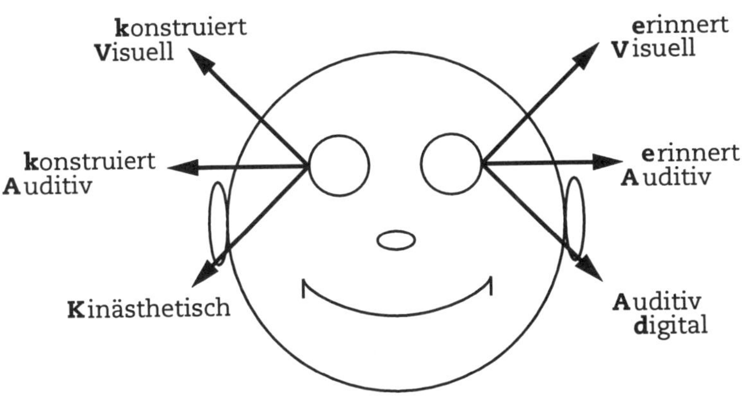

NLP-Tabelle der Augenzugangshinweise

Selbstverständlich hat jeder Mensch von allem etwas. Die olfaktorische und gustatorische Wahrnehmung ist bei uns im Vergleich zu vielen Tieren jedoch noch mehr eingeschränkt. Wir benutzen Ausdrücke aus diesem Bereich sehr generalisierend, indem wir sagen, daß wir jemanden nicht riechen können, daß es uns stinkt oder daß Bitter und Sauer eher unangenehm sind und Süß eher als angenehm empfunden wird. Es handelt sich dabei um sehr archaische Wahrnehmungssysteme, die für das Überleben in der Wildnis unabdingbar waren.

Im NLP hat man in Anlehnung an Bateson und Watzlawick erkannt, daß unsere individuellen Landkarten, die unser Gehirn von der Welt erzeugt, nicht identisch sind mit dem Land. So ist die Speisekarte in Ihrem Lieblingsrestaurant zwar eine mehr oder weniger exakte Beschreibung dessen, was Sie hinterher auf Ihrem Teller haben werden. Den Unterschied zwischen Speise und Speisekarte merken Sie, wenn Sie das Papier derselben auf der Zunge zergehen lassen. Genausowenig wird Ihr Patient gesund, wenn er das Rezept anstelle der verordneten Medikamente einnimmt. Allein die Erkenntnis, daß meine zerebrale *Landkarte der Wirklichkeit* nicht die Wirklichkeit, sondern meine ureigenste Interpretation der Welt darstellt, eröffnet ungewohnte Perspektiven. Ich muß dann annehmen, daß es so viele Landkarten wie Gehirne gibt und daß jede dieser Landkarten den gleichen »Wirklichkeitswert« hat. Wenn ich diese Betrachtung der Welt auf unsere Arzt-Patient-Beziehung übertrage, dann wird es mir möglich, den Patienten in seiner *natura* wahrzunehmen, wie dies Hippokrates schon gefordert hat. Ich kann mich dann dafür interessieren, welche Bilder, Beschreibungen, Gefühle und Wahrnehmungen dieser Mensch in bezug auf die Welt, seinen Körper, seine Gesundheit und unsere Beziehung hat. Dann erschließt sich plötzlich eine reiche innere Welt. Mit etwas Übung gelingt es, wenn Sie an den Rapport gedacht haben, mit Ihren Worten in die Welt Ihres Gesprächspartners einzusteigen. Sie werden dann nicht mehr den Fehler begehen, von jemandem, der etwas begreifen muß, zu erwarten, daß er klar sieht, was Sie ihm vermitteln wollen. **Worte sind die Programmierungsmittel unseres Gehirns.**

Interessant erscheint mir dabei, daß in der Welt der Computer diese drei Repräsentationssysteme ebenfalls existieren und bis jetzt nur mit großem Aufwand kompatibel waren. Entsprechend wählen Anwender ihren Computer aus, indem sie sich für den soundstarken Amiga, den besonders anwenderfreundlichen Apple oder den mehr der visuellen Welt zugehörigen IBM-kompatiblen Computer entscheiden. Inzwischen entstehen zwischen diesen Welten kompatible Anwendungen, die dann unter anderem Multimedia erschaffen. Wenn wir das Wissen um unterschiedliche Repräsentationssysteme verinnerlicht haben, wird es leichter, unsere Welt wieder ganzheitlicher wahrzunehmen und in der sozialen Interaktion ein neues Verständnis füreinander zu erleben.

Selbstverständlich können Sie damit auch manipulieren. Besonders im Verkauf und in der Werbung werden auf dieser Basis kommunikative Fertigkeiten geschult, die es dem Verkäufer erleichtern, sein Produkt effektiver an den Kunden zu bringen. Dagegen ist prinzipiell nichts einzuwenden, solange beide davon profitieren. Wird der Kunde jedoch über den Tisch gezogen, betrügt sich der Verkäufer letztlich selbst.

Bitte denken Sie daran, daß ich Ihnen Lügen erzähle, zumindest so lange, bis Sie es selbst überprüft haben. Nehmen Sie sich ein wenig Zeit, und untersuchen Sie anhand der obigen Kriterien, wie Sie denken. Haben Sie viele innere Bilder, ganze Filme oder Bildarchive? Sind diese Bilder farbig oder schwarzweiß, in Diagrammen angeordnet oder wie Karteikärtchen gegliedert, oder haben Sie einen inneren Bildschirm? Sehen Sie sich selbst in Ihren Bildern?

Vielleicht sprechen Sie mit sich selbst, oder Sie führen lebhafte innere Dialoge, erzählen sich selbst Geschichten und wägen jedes Wort innerlich ab. Es kann sein, daß Sie erst jetzt bemerken, wie Sie alles und jedes kommentieren. Möglicherweise sind Bilder und Worte für Sie nur unwesentliche Durchgangsstationen, weil Ihnen das Gefühl viel wichtiger ist. Sie spüren, was los ist, und Sie treffen Ihre Entscheidungen aus dem Bauch. Wie dem auch sei, es geht nicht darum, daß die eine Art des Denkens besser oder schlechter sei als die andere. Wenn Sie neugierig geworden sind, könnten Sie sich fragen, was Ihnen alles entgeht. Sie können sich dann mit einem Freund oder Ihrem Lebenspartner austauschen und erforschen, wie dieser vertraute Mensch in seinem Denken organisiert ist. Ich verspreche Ihnen erstaunliche Erfahrungen. Vielleicht entdecken Sie, weshalb es für Sie so wichtig ist, daß Ihr Gesprächspartner Sie anschaut, wenn Sie mit ihm reden, und daß es für ihn ebenso wichtig ist, den Blick abzuwenden, damit er Sie besser hören kann. Sie werden Unterschiede entdecken, die manches Mißverständnis erklären, und Sie werden beim Experimentieren mit der Sprache bemerken, welche innere Repräsentation der Welt der andere hat.

Zur Vertiefung dieses Lernprozesses sowie auch zur Vertiefung weiterer grundlegender NLP-Techniken empfehle ich Ihnen insbesondere das NLP-Lern- und Übungsbuch *Der Zauberlehrling* von Alexa Mohl (siehe Literaturverzeichnis).

Übung der Woche: Versuchen Sie spielerisch, bei einigen wenigen Patienten den Repräsentationstyp zu entdecken. Wählen Sie dazu einmal die sprachlichen Zugangshinweise. Achten Sie das andere Mal auf Atmung, Stimmlage und Sprechgeschwindigkeit. Vergleichen Sie, was Sie wahrnehmen, mit Ihrer Erfahrung, und versuchen Sie gelegentlich, sich mit Ihrer Sprache und Wortwahl dem Patienten anzupassen.

6

Das Meta-Modell der Sprache

oder: Was verschweigen wir beim Sprechen?

Sie haben nun gelernt, was es mit dem Rapport und den bei seiner Herstellung hilfreichen Techniken auf sich hat. Sie haben erfahren, daß es einen Unterschied zwischen den Landkarten in den Köpfen der Menschen und der tatsächlichen Welt gibt. Nun möchte ich Sie an ein Thema heranführen, das immer wieder als trocken und langweilig bezeichnet wird. Es war die Basis des NLP und ist immer noch gleichermaßen unentbehrlich für das Verständnis menschlicher Kommunikation: das **Metamodell der Sprache**.

Wie Sie sich erinnern, war der Anfang des NLP eine linguistische Studie über den Gebrauch der Sprache im psychotherapeutischen Kontext. Sie fragen vielleicht: »Was hat denn das mit meiner ärztlichen Tätigkeit zu tun? Ich habe mit dem ganzen Psychokram herzlich wenig am Hut! Meine Patienten kommen mit körperlichen Beschwerden!« Und Sie haben recht. Es hat nämlich nur am Rande etwas mit Psychologie zu tun, aber **alles** mit Kommunikation. Die NLP-Vorbilder Perls, Satir und Erickson fragten Ihre Klienten auf eine Art und Weise, die der medizinisch Tätige aus der Erhebung der Anamnese kennt. Auch dort geht es darum, Informationen zu gewinnen. Wer kennt nicht die schwäbische Eigenart, vom »Fuß« zu reden, wenn das Bein vom Großzeh bis zur Leiste oder auch nur eine umschriebene Stelle des Beines gemeint ist? Was fragen Sie, wenn Ihr Patient über Bauchschmerzen klagt? Sie fragen nach wo, seit wann, wie lange, zu welcher Tages- oder Nachtzeit der Schmerz auftritt und wie er beschaffen ist, welche Qualität und Intensität er hat. Genauso müssen Sie sich mit den Glaubenssätzen vieler Patienten herumschlagen, für die alle chemischen Mittel schädlich und giftig sind, während alle Naturheilmittel selbstverständlich ungefährlich sind. Ihre Aufgabe im Umgang mit dem Patienten besteht also darin, durch gezielte Fragen *versteckte, getilgte, verzerrte* oder *verallgemeinerte* Informationen hervorzuholen, zu klären und Zusammenhänge zu erkennen.

Bandler und Grinder fanden bei ihren sprachwissenschaftlichen Studien heraus, daß wir Menschen unsere originären Sinneseindrücke und Erfahrungen bei der inneren Verarbeitung verändern, unter anderem, um der Welt einen Sinn zu geben und mit diesen Veränderungen mit uns selbst und unseren Mitmenschen zu kommunizieren. Diese internen Veränderungen der Sinneswahrnehmung dienen dem Überleben in einer komplexen Welt. Stellen Sie sich vor, Sie müßten Ihre Umwelt völlig ungefiltert wahrnehmen. Sie sehen buchstäblich alles, Sie hören alle Klänge und akustischen Nuancen der Umgebungsgeräusche, Sie hören Ihre Gefäßströmung, Ihr Herz und Ihren Darm, das feine Vibrieren Ihrer Muskulatur, Sie spüren die feinsten Temperaturunterschiede, jeden Luftstrom, die Spannung Ihrer Muskelfasern und -spindeln, den Stuhlsitz unter Ihrem Po, Sie riechen alle Düfte, den Staub, das Ozon Ihres Computers, den Teppich, den Geruch Ihrer Haut und den Geschmack, den Sie jetzt auf der Zunge haben. Das ist alles zu jeder Zeit da. Sie konnten Ihre Aufmerksamkeit beim Lesen wandern lassen und viele Sinneseindrücke wahrnehmen, die vorher nicht bewußt waren. Und jetzt stellen Sie sich vor, daß Sie DAS ALLES GLEICHZEITIG UND UNMITTELBAR wahrnehmen. Da bleibt nicht mehr viel übrig, was Sie sonst tun könnten. Ihr Gehirn wäre total überfordert. G. Miller, ein amerikanischer Psychologe, stellte die 7 plus/minus 2 Regel auf. Sie besagt, daß unser Gehirn nicht mehr als sieben Informationsbrocken auf einmal bewältigen kann. Sie glauben es nicht? Gut so! Versuchen Sie es einmal. *Informationseinheiten* sind Ihre Hand, der Bleistift, das Buch, das Blatt, die Pflanze, der Garten, der Baum oder der Wald, die Spitze des Berges, den Sie erklimmen wollen, das Gebirgsmassiv oder die Anden. Wir nennen diese Einheiten ***Chunks***. Chunks sind eigentlich dicke feste Scheiben von irgend etwas. Es gibt große Scheiben (*chunking up*) und kleine Scheiben (*chunking down*), so wie es Schule und Schulbank gibt, oder abstrakt und konkret. Was bedeutet das für uns? Wir überleben, das heißt, wir bleiben REAKTIONS- und HANDLUNGSFÄHIG, indem wir unsere Wahrnehmung automatisch in unterschiedlich dicke Scheiben portionieren und davon auf einmal nicht mehr als 7+/-2 zur weiteren Verarbeitung zulassen. Wie macht unser Gehirn das? Alles, was wir mit unseren Sinnen wahrnehmen, wird zuerst durch die Beschränkung unserer Sinnesorgane gefiltert. Gleichzeitig filtern wir durch bewußte bzw. gewohnheitsmäßige Lenkung unserer Aufmerksamkeit. Danach werden die Eindrücke nochmals gefiltert in Hinblick auf gefährlich oder ungefährlich, gewohnt oder ungewohnt, gut oder schlecht, und erst dann entstehen *bewußte* Eindrücke, die dann nochmals einer Verdichtung unterzogen werden. Diese Verdichtung erfolgt über eine sprachliche Kodierung, was bedeutet, daß eine *Verzerrung, Generalisierung* und *Tilgung* stattfindet.

Wenn Sie sich für ein bestimmtes Auto entschieden haben, sehen Sie nur noch Ihr Modell herumfahren. Als Arzt sind Ihre Filter auf Abweichungen von der Norm eingestellt. Wenn Sie hinterher Ihren Befund in Worten dokumentieren, haben Sie einen Großteil Ihrer Wahrnehmung getilgt. Sie haben es weder vergessen noch übersehen: SIE HABEN ES GETILGT. Sie schreiben zum Beispiel: Pulmo o.B.! Das ist nicht Ihre Wahrnehmung! Sie haben den Brustkorb von allen Seiten betrachtet, Haut und Hautdurchblutung beurteilt, die sichtbaren Anteile des knöchernen Thorax gesehen, Lippenfarbe und Hautfarbe wahrgenommen, Sie haben perkutiert und auskultiert, also die Klangqualitäten beurteilt und auf Rasselgeräusche, Dämpfungen, Giemen oder Brummen geachtet. Sie haben die Hauttemperatur gespürt, nebenbei das Herz und die großen Blutgefäße abgehört und die Bewegungsmuster beim An- und Ausziehen registriert. Das alles wird getilgt, zu Pulmo GENERALISIERT und zu einem o.B. VERZERRT. Doch war die Untersuchung keineswegs »ohne Befund«. Der Befund war, daß Sie keine nennenswerte oder behandlungswürdige Abweichung von der Norm festgestellt haben.

Für uns Ärzte ist das eine ganz normale Verdichtung unseres Untersuchungsergebnisses. Für den Richter stellt sich das bei einem Kunstfehlerprozeß ganz anders dar. Er fragt: Hat der Arzt das gesehen? Und wenn ja, warum hat er es dann nicht mit Worten exakt dokumentiert?

Dieselbe Art der Verdichtung geschieht prinzipiell mit jeglicher sinnesspezifischen äußeren Wahrnehmung, aber auch mit unseren Erinnerungen und Gedankenproduktionen, die wir anderen mitteilen. Die Arbeit unserer NLP-Begründer enthüllt ein Schema und ein Muster klärender Fragen, die immer leicht konstruiert erscheinen, wenn Sie aus einem Kontext gerissen wurden. Ich möchte es Ihnen an einem Gesprächsbeispiel demonstrieren. Eine Patientin sitzt vor Ihnen, und Sie haben sie eben gefragt, was sie denn herführt.

» Ich hatte doch diesen Unfall! Wissen Sie?«

Sie wissen nicht! Die Patientin hat getilgt.

TILGUNGEN manifestieren sich als:

- unspezifische Verben oder Substantive
- Vergleiche
- Bewertungen
- Nominalisierungen.

Unsere Patientin spezifiziert ihren Unfall nicht genauer. Klar, sie kommt wegen der längst vergangenen Geschichte, hat lange mit sich gerungen und ist damit endlich zu Ihnen gekommen. Sie erwartet nun, daß Sie genau wissen, was los ist. Ihr Sprachgefühl verlangt nach mehr Informationen. Zur Klärung fragen Sie bei unspezifischen Angaben: »**Welcher** Unfall **genau**? **Was genau** ist da passiert? **Wann? Unter welchen Umständen?**« Sie erfragen also Inhalt und Bezugsrahmen.

»Ich bin doch hingefallen.« Wieder ist es für Ihre Patientin ganz klar. Sie, liebe Kollegin, brauchen genauere Angaben, um sich eine Vorstellung machen zu können. Sie fragen bei unspezifischen Verben nach der Erfahrung im Hintergrund, also: »**Wie genau** ist das passiert? **Wie** sind Sie hingefallen? **Wann** und **auf welche Art und Weise?**« Die Patientin erklärt es Ihnen noch einmal, und Sie wissen dann tatsächlich, wann es war und wie es geschehen ist.

»Es geht mir immer schlechter!« Wieder wissen Sie nicht, was gemeint ist, und erkundigen sich mit einer Frage, die Klarheit bei **VERGLEICHEN** bringt: **»In bezug worauf? Verglichen womit?«** Dann hören Sie die Beschwerdeschilderung und werden mit einer neuen Aussage konfrontiert.

»Eigentlich bin ich blöd, daß ich so rasch wieder zur Arbeit gegangen bin!« Diese **BEWERTUNG** des eigenen Handelns ist auch recht unklar, denn wie kommt diese Frau darauf, sich für blöd zu halten, und das so lange Zeit nach dem Unfallereignis? Bewertungen klären Sie so: »**Wer** sagt das? **Wie** kommen Sie darauf, sich selbst für blöd zu halten? **Was** bringt Sie zu dieser Annahme?« Der tiefere Grund, der dann zum Vorschein kommt, ist immer wieder aufs neue erstaunlich und verblüffend.

»Ach, der Versicherungsberater hat gesagt, ich sei blöd, weil ich es versäumt hätte. Und jetzt habe ich keinen Mut mehr.« **NOMINALISIERUNGEN** sind besonders tückisch. Es geschieht sehr schnell, daß wir Verben, also Wörter, die ein Tun oder einen Prozeß (haben Sie es bemerkt?) beschreiben, erstarren lassen, indem wir ein Hauptwort daraus machen. So entsteht dann Mut, Angst, Vertrauen, Frieden, Liebe, Haß, Sicherheit, Erziehung, Lernen, Ausländerhaß und Verantwortung. Nominalisierungen werden entzaubert mit Fragen wie: »**Wie** wird

das getan? **Woran** haben Sie es gemerkt? **Wer** spricht hier **worüber**? **Wie genau** wird das gemacht? **Was genau** verstehen Sie darunter?« Sie machen sich keine Freunde, wenn Sie das Ihren Bundestagsabgeordneten fragen. Nominalisierungen sind integraler Bestandteil politischer Sprache. Parteiprogramme und Wahlplattformen sind voller Nominalisierungen. Sie gestatten einer Vielzahl von Individuen, sich darin wiederzufinden.

Diese Tilgungen geschehen automatisch und dienen der Reduzierung der Wahrnehmung. Gleichzeitig wird auch die Wiedergabe der gespeicherten Daten auf das scheinbar Wesentliche verdichtet. Das wird besonders lästig, wenn wir darauf angewiesen sind, unser Gegenüber zu verstehen.

Die nächste Kategorie umfaßt die **GENERALISIERUNGEN**: Dahinter verbergen sich die

- ❒ **Modaloperatoren der Notwendigkeit**
- ❒ **Modaloperatoren der Möglichkeit**
- ❒ **Universalquantatoren** und die
- ❒ **verlorenen Zitate**.

Ihre Patientin erzählt Ihnen weiter über ihr Problem mit der Versicherung:

»Ich kann doch die Versicherung nicht betrügen!« Obwohl Sie mit dieser Aussage wahrscheinlich übereinstimmen, ist es für Sie vielleicht wichtig, einen **Modaloperator der Möglichkeit** (können, nicht können, möglich, unmöglich) zu hinterfragen: »**Was hält Sie davon ab? Was würde passieren**, wenn Sie die Versicherung betrügen würden?« Die Antwort auf diese Fragen bringt Sie in Kontakt mit einigen Glaubenssystemen und Vorannahmen der Patientin.

»Ich muß einfach immer ehrlich sein.« Hier verstecken sich gleich zwei Generalisierungen. Die **Modaloperatoren der Notwendigkeit** erscheinen in Begriffen wie: müssen, sollen, dürfen und deren Verneinung. Die Aussage: »Ich muß...« verlangt nach der Frage: »**Was würde passieren, wenn** Sie es nicht wären (wären, täten, nicht täten) ? Die zweite Generalisierung ist das Wörtchen »immer«. Immer, alle, jede, niemals, keine, nichts, jedesmal sind **Universalquantatoren**. Diese Verallgemeinerungen, also z.B.: »Alle Politiker sind...« bringen Sie auf den Punkt, wenn Sie nach Ausnahmen forschen: »**Wirklich immer? Sind Sie ganz sicher? Wer genau** ist...? Kennen Sie jemanden, der **anders** ist?« Wenn Sie auf diese Art beginnen, politische Aussagen, Zeitungsartikel und Wer-

beslogans zu hinterfragen, vermindern Sie drastisch Ihre Manipulierbarkeit.

Spricht ein Mensch davon, daß ein bestimmtes Verhalten richtig oder falsch ist oder daß man etwas üblicherweise so tut, hat er in der Regel ein Zitat gebraucht, dessen Quelle er nicht benennt. Oft ist es ihm selbst nicht mehr bewußt, daß er die Äußerung einer frühen Bezugsperson wiederholt. **Verlorene Zitate** lassen sich aufdecken, indem Sie nach der Quelle fragen, z.B.: »Für **wen** ist das richtig?«, oder: »**Wer** tut das üblicherweise?«

Die andere Möglichkeit, unsere Wahrnehmung sprachlich zu verdichten, ist die **VERZERRUNG**.

Wir verzerren durch:

- ❒ **Voranahmen**
- ❒ **Aufstellen von Ursache-Wirkungs-Beziehungen**
- ❒ **komplexe Äquivalenzen** und
- ❒ **Gedankenlesen**.

»Die Versicherung will ja gerade, daß ich sie betrüge!« In dieser Aussage ist eine Vorannahme versteckt, ebenso in Sätzen, die

mit weil, wenn oder falls beginnen. Wenn gesagt wird: »Wenn alle Deutschen fleißiger wären, ginge es uns allen besser!« besagt die darin enthaltene Vorannahme, daß nicht alle Deutschen fleißig sind. Diese **Vorannahmen** bringen Sie ans Tageslicht, wenn Sie sich erkundigen, **was** den Betreffenden **veranlaßt**, das anzunehmen. Wenn Sie gerade gemerkt haben, daß dies nicht nur die Sprache der Politiker und Funktionäre ist, sondern Sie vielleicht in bestimmten Situationen selbst so denken und reden...!

»Wenn Sie mich damals länger krankgeschrieben hätten, hätte ich heute nicht diesen Ärger!« Hier geht Ihre Patientin zum Angriff über, indem sie eine eindeutige **Ursache-Wirkungs-Beziehung** bzw. eine **Kausalität** postuliert. Solche Aussagen bringen uns sehr schnell in eine Verteidigungsposition. Die üblichen Erklärungen nutzen hier nichts, im Gegenteil. Sie beginnen dann ein Rechtfertigungsspiel, das Sie nur verlieren können. Sehr beliebt sind Aussagen wie: »Hättest du damals nur, dann...« in partnerschaftlichen Beziehungen und auch in unserem inneren Dialog. Sie entschärfen solche Situationen mit folgenden klärenden Fragen: **»Wie genau hängt das eine mit dem anderen zusammen?«** – **»Wie genau** verursacht das, was ich tue Deinen Zustand?« – **»Was** hätte ich Ihrer Meinung nach tun müssen, damit es Ihnen besser geht?«

Ihre Patientin ist damit jedoch nicht so leicht zu beeindrukken. Irgendwo sieht sie ja ein, daß Sie recht haben, aber das jetzt zuzugeben, fällt sehr schwer. Sie wartet mit einem schweren Geschütz auf:

»Wenn Ihnen wirklich etwas an mir liegen würde, hätten Sie sich darum gekümmert, daß ich länger zu Hause bleiben kann.« Es handelt sich hierbei um **komplexe Äquivalenzen**. Das ist sehr wirksam, weil hier zwei Sachverhalte gleichgesetzt werden, die eigentlich nichts miteinander zu tun haben. Es ist so, als ob Sie Birnen mit Äpfeln vergleichen. Bei aller Betroffenheit hilft Ihnen die Frage: »**Wieso** bedeutet es für Sie gleichzeitig, daß...?« Sie klären also auch hier durch gezieltes Nachfragen die versteckten und verzerrten Zusammenhänge. Sie machen die jeweiligen Verantwortlichkeiten klar und machen unzulässige Verknüpfungen bewußt.

»Und außerdem haben Sie mich noch nie leiden können!« Diese Behauptung tut weh. Wie kommt Ihre Patientin mit ihrem kleinen Unfall und der unbedeutenden Versicherungsgeschichte dazu, Ihnen so etwas an den Kopf zu werfen? Ganz einfach! Sie hat **Gedanken gelesen**. Sie hat innerlich alle vorhandenen Daten zusammengezählt, hat Ihre Körpersprache dazugerechnet und alle vergangenen Episoden zu dem Ergebnis verdichtet, daß Sie schon immer eine Abneigung

gegen sie hatten. Wenn Sie jetzt noch den Nerv haben, sich weiterhin um eine erquickliche Beziehung zu bemühen, fragen Sie bitte: **»Woher genau wissen Sie das?«**

Sicherlich raucht Ihnen jetzt der Kopf. Es ist Zeit für eine kleine Entspannung! Lesen Sie zuerst diesen Absatz, und schließen Sie dann die Augen. Achten Sie einmal darauf, wie Sie eben in diesem Moment mit sich selbst sprechen. Wie Sie das Gelesene und die Sinneseindrücke, die Sie momentan von außen erreichen, innerlich kommentieren. Vielleicht lassen Sie Ihren heutigen Tag Revue passieren, und wenn das so ist, achten Sie darauf, mit welchen Worten Sie die Ereignisse des Tages bewerten und wie Sie heute mit Ihren Mitarbeitern und mit Ihrem Partner gesprochen haben. Sie haben gewiß einige interessante Beobachtungen machen können. Ist es nicht erstaunlich, wie unser innerer Dialog seine Entsprechung im äußeren Kommunikationsverhalten hat?

So trocken und künstlich das Metamodell der Sprache erscheinen mag, so groß ist seine Bedeutung für unseren Alltag. Diese Art zu fragen dient zuallererst dem Sammeln von Informationen, der Klärung von Bedeutungen und Zusammenhängen. Es deckt Einschränkungen im inneren Erleben auf und erweitert unsere Wahlmöglichkeiten. Es erlaubt uns, mit der Sprache bewußter umzugehen und ent-hypnotisiert die Sprache der Medien. Zunächst erscheint es viel zu kompliziert, um praktikabel zu sein. Es bedarf der Übung und einer gewissen Neugierde. Vielleicht haben Sie eine Scheu, es zu erproben, weil Sie denken, daß es unnatürlich oder verkrampft, neugierig oder auf irgendeine Art nicht authentisch wirkt. Ich möchte Sie ermutigen, es trotzdem zu versuchen. Wählen Sie z.B. die Nominalisierungen aus, und lenken Sie Ihre Aufmerksamkeit einige Zeit nur darauf. Danach wählen Sie die nächste Variante für Ihre Studien. Die Pharmareferenten sind für solche Übungen hervorragend geeignet, da sie im Rahmen der Direktwerbung darin ausgebildet sind, uns mit dem Gebrauch solcher Sprachmuster zu gewinnen. Wenn Sie offen darüber sprechen, sind Ihre Besucher gerne bereit, aus der Schule zu plaudern. Es ist ein großer Gewinn, die versteckten Botschaften zu entschlüsseln.

VORSICHT! Bei aller Begeisterung sollten Sie auf die verbalen oder nonverbalen Signale Ihrer Gesprächspartner achten. Sollten Sie den nötigen Respekt vergessen und Ihren Mitmenschen mit inquisitorischen Fragen zu nahe treten, werden Sie sehr rasch Gelegenheit bekommen, Ihre Flexibilität und Ihre Fähigkeit, Rapport zu halten, unter Beweis zu stellen. Ein Kapitel baut auf dem anderen auf. Ihre Gesprächsführung und Ihre Übungen sollten sich an dieser Reihenfolge orientieren.

Motiviert und positiv
ENALAPRIL + HYDROCHLOROTHIAZID
PRES® plus
ACE-HEMMUNG PLUS DIURESE
Frei
von
Weiter geht's
Kopfschmerz
Alles Geniale
ist einfach
CORINFAR® UNO
Eunerpan® Liquidum

7

Anker

Sie hatten inzwischen Gelegenheit, einige Vorannahmen und Fertigkeiten, die das NLP für die kommunikative Praxis bietet, zu erproben. Hätten Grinder und Bandler nur das Metamodell und die Bedeutung von Rapport und sinnesspezifischer Repräsentation der erlebten Welt beschrieben und lehrbar gemacht, wäre das schon ausreichend gewesen, die Qualität jedes Kommunikators zu verbessern. Sie gingen jedoch einen Schritt weiter. Nach der Erforschung der Sprache beobachteten sie besonders, **wie** die Therapeuten agierten. Sie nahmen wahr, daß Milton Erickson, der in seiner späteren Schaffensphase an einen Rollstuhl gefesselt war, mit ganz diskreten

Körperbewegungen, mit Nuancen in der Aussprache und mit unterschiedlicher Betonung bestimmte Satzteile markierte. Virginia Satir dagegen bewegte sich im Raum, berührte ihre Klienten und ließ sie unterschiedliche Raumpositionen einnehmen. Fritz Perls arbeitete in Gruppen und markierte ebenfalls mit der Stimme, ließ unterschiedliche Plätze für bestimmte Gegebenheiten einnehmen und ankerte mit Berührungen. Ihre diesbezüglichen Beobachtungen beschrieben sie als ARBEIT MIT ANKERN. Solche Anker sind Ihnen völlig unbekannt?

Lieber Kollege, Sie kennen sicher die Situation, daß Sie am Schreibtisch sitzen und Ihrem Patienten die aktuellen Befunde mitteilen wollen. Leider sind Sie verärgert, weil ein Befund fehlt, was immer wieder vorkommt. Was glauben Sie wohl, wie Ihre Mitteilung völlig normaler Laborbefunde bei den Patienten ankommt? Sie haben zwei Aussagen vermischt und mit Ihrem Körper eine Botschaft markiert. Dabei haben Sie unbewußt einen Anker gesetzt. Wenn das weitere Gespräch keine Klarheit bringt, wird der Patient verwirrt sein und Ihren Ärger irgendwie auf sich beziehen.

Liebe Kollegin, Sie trösten einen Patienten, während er sich ganz schlecht fühlt, indem Sie ihm die Hand auf den Arm legen und voller Mitgefühl drücken. Was glauben Sie wohl, welches innere Erleben Sie geankert haben? Vielleicht heben

Sie auch nur eine Augenbraue, oder Sie senken Ihre Stimme. All das geschieht völlig unbewußt. Wir benutzen laufend Anker in unserer täglichen Kommunikation. Es handelt sich dabei vorwiegend um tonale, visuelle und kinästhetische Anker. Da uns ihre Bedeutung in alle Regel nicht bewußt ist, ankern wir oft genug Reaktionen und Physiologien, die wenig förderlich sind. Bei der Arbeit mit Ankern ist es besonders wichtig, mit dem Patienten einen guten Rapport zu haben und seinen körperlichen Zustand (Muskeltonus, Atmung, Hautdurchblutung, Körperhaltung) zu beachten. Virginia Satir ankerte mit Bedacht nur solche physiologischen Zustände, die Ressourcen und einen hohen Selbstwert erkennen ließen. Sie fragte ihre Klienten in der Familientherapie so lange, bis eine innere Kraftquelle, eine bisher verborgene Fähigkeit, ein tiefes Gefühl von Zuneigung, Verantwortung oder Liebe sichtbar wurde und der Klient Kontakt zu kraftvollen, nährenden und gesunden Erinnerungen bekam. Wenn der oder die Betreffende äußerlich sichtbar in einem guten Zustand war, ankerte sie diese Physiologie mit einer Berührung.

Einer meiner Schullehrer ankerte ganz anders. Wenn ein Schüler unregelmäßige französische Verben nicht perfekt hersagen konnte, sagte er: »Warte, ich kneif dich!« Das tat er dann auch. Heute erstaunt es mich nicht, daß der betreffende

Schüler bei diesem Lehrer, und darüber hinaus, Schwierigkeiten mit der französischen Sprache hatte. Der Lehrer ankerte, in bester Absicht, den Versagenszustand kinästhetisch.

Im medizinischen Bereich erleben wir unsere Patienten oft in einem erbärmlichen körperlichen und seelischen Zustand. Um wirklich helfen zu können, ist es immer sinnvoll, mit unserer Kommunikation das Selbstwertgefühl dieses Menschen zu heben, seine inneren Fähigkeiten zu wecken, seine Physiologie zu ändern und diese dann auch besonders hervorzuheben. Das ist weniger kompliziert, als Sie denken. Machen Sie sich einmal bewußt, was Sie jeden Tag im Gespräch mir Ihrem Patienten und Ihren Mitarbeitern tun. Was sagen Sie z.B., wenn Sie Ihrem Patienten ein Rezept in die Hand drücken oder ihn mit einem Händedruck verabschieden? Was sagen und tun Sie bei Nachsorgeuntersuchungen? Wie führen Sie Vorbereitungsgespräche für Narkosen und Operationen? Was halten Sie von folgender Version: Zwischen Tür und Angel teilen Sie einer Patientin mit: »Sie haben Krebs! Wir müssen operieren!« und sind schon wieder draußen, noch bevor Ihre Botschaft richtig ankommen konnte? Überlegen Sie bitte, unabhängig von einer Bewertung, welche Art von Kommunikation hierbei stattgefunden hat, welche Anker gesetzt wurden und was in jedem der beiden Beteiligten vorgegangen sein mag. Wenn Sie zu dieser kleinen Arbeit Ihr Wissen über Landkarten, Metamodell und Rapport aktivieren, erscheint dieses krasse Beispiel in einem anderen Licht. Oder?

Ich verwende kinästhetische Anker gern in der Krebsnachsorge, während ich sonographiere und untersuche. Je klarer es ist, daß die Untersuchung kein Fortschreiten der bösartigen Erkrankung zeigt, und wir beide erleichtert sind, desto intensiver ankere ich dieses gute Gefühl an den Untersuchungsgang. Dabei gibt es viele Möglichkeiten, visuelle Anker zu setzen, indem ich meine Physiologie verändere und meine Zuversicht kongruent mit der Befundmitteilung verbinde. Die andere Möglichkeit ist die Berührung während der körperlichen Untersuchung und der Verabschiedung. Das erleichtert jeden weiteren Zyklus, mindert die Angst und gibt Hoffnung und Mut. Übrigens auch bei der Mitteilung schlechter Befunde. In der Klinik ist der Ablauf oft anders. Dort ist fast jedesmal ein anderer Untersucher tätig, bei der Untersuchung wird häufig über und wenig mit dem Patienten gesprochen. Außerdem werden mit dem Betreten des Krankenhauses Erinnerungsanker aktiviert, die die Zeit der Operation wiederbeleben und allein dadurch schon Ängste auslösen.

Ein Anker *par excellence* ist die weiße Berufskleidung des ärztlichen Standes. Überall dort, wo es darum geht, die damit

Bevor
Seehofer
Ihnen das letzte Hemd auszieht...
Verordnen Sie deshalb
lieber gleich ein Präparat aus der
deutschen Arzneimittel Sparliste

assoziierten Qualitäten zur Geltung zu bringen, ist ein weißes Gewand beliebt. Sie können diesen Gedanken nachgehen und sich auf die Suche begeben nach Berufsgruppen, Werbespots und Mode. Sie finden dabei vielleicht so absonderliche Verknüpfungen, daß Männer, die ganz in Weiß gekleidet sind, als Herr Doktor tituliert werden, während Frauen in Weiß sehr oft mit Schwester angeredet werden. Diese Kleidung signalisiert eine bestimmte Funktion, die es dem Träger erlaubt, einem anderen Menschen so nahe zu kommen und ihn zu berühren, wie es sonst nur wenigen Personen erlaubt wird.

Wir selbst haben in unserer Praxis mannigfaltige Anker. Ich erinnere mich noch gut, wie die Krawatte oder die Fliege des Lehrstuhlinhabers bei seinen Oberärzten als Erkennungsmerkmal der Abteilungszugehörigkeit wieder auftauchte. Welche Anker begegnen Ihnen in Ihrem Arbeitskontext? Welche dieser Anker sind für Sie aufbauend und motivationsfördernd, welche sind leistungsmindernd?

Ich lade Sie ein, eine kleine NLP-Übung mitzumachen, die ich für mich selbst sehr liebe und die ich auch mit meinen Patienten im Rahmen längerer Gespräche gerne durchführe. Diese Übung heißt: MOMENT OF EXCELLENCE. Dabei geht es darum, einen Anker für einen besonders guten emotionalen und körperlichen Zustand zu etablieren. Ich bitte Sie, sich an eine Episode Ihres Lebens zu erinnern, in der Sie voller Tatkraft waren, oder an eine Zeit, in der für Sie alles zu Ihrer vollsten Zufriedenheit ablief, oder an eine Leistung, auf die Sie heute noch ganz besonders stolz sind. Während Sie diese Anweisung lesen, geht Ihr Gehirn schon auf die Suche und liefert Ihnen wenigstens ein solches Erlebnis. Suchen Sie sich jetzt die stärkste und für Sie angenehmste Erinnerung aus. Wenn Sie die Wahl getroffen haben, sehen Sie die betreffende Situation vor Ihrem inneren Auge, oder Sie haben einen dazugehörigen Gefühlseindruck, oder Sie beschreiben in Worten, wie es damals war. Gehen Sie nun, ausgehend von Ihrem primären Repräsentationssystem (V,A,K,O,G), mit dem Sie sich erinnert haben, in diese Situation hinein. Sehen Sie in allen Einzelheiten, was es dort zu sehen gibt. Hören Sie die Geräusche und Ihre eigenen Worte. Fühlen Sie die Temperatur, Ihren Muskeltonus, Ihre Mimik und Gestik, Ihren Herzschlag und Ihre Atmung. Achten Sie auf den typischen Geruch und den Geschmack, den Sie jetzt in Ihrer Erinnerung wieder erleben. Spätestens jetzt erleben Sie dieses kraftvolle Erlebnis wieder, Sie spüren, wie sich Ihre Atmung, Ihre Muskelspannung und Ihre Hautdurchblutung verändern. Wenn Sie dieses Gefühl am stärksten empfinden, ankern Sie es mit einer Berührung am Arm, oder indem Sie zwei Finger fest zusammenpressen oder eine charakteristische Körperbewegung machen. Dieser »Anker« erinnert Sie im Bedarfsfall an diese kraftvolle Physiologie. Sie haben damit eine **BLANKO-RESSOURCE** zur Verfügung. Damit können Sie sich in müden Stunden wieder an gute Zeiten erinnern und die Qualität dieser Situation jetzt erleben. Diese Übung ist am schönsten mit einem Partner, wobei dieser Sie in Ihr Erlebnis hinein begleitet und darauf achtet, wie sich Ihr Körperausdruck verändert. Im Moment der stärksten Veränderung setzt er einen vorher vereinbarten Anker. Wir alle verfügen über solche Ressourcen. Mit dieser einfachen Ankertechnik haben Sie immer dann Zugang zu einer solchen Kraftquelle, wenn Sie dieselbe tatsächlich brauchen.

In der ärztlichen Praxis gibt es mannigfaltige Möglichkeiten, mit Ankern zu arbeiten. Ein Beispiel soll Ihnen verdeutlichen, wo kinästhetische Anker mit Gewinn angewandt werden können. Stellen Sie sich einen Patienten vor, der einen Autounfall hatte und dabei ein Schleudertrauma der Halswirbelsäule erlitt. Er hat noch das Unfallgeräusch im Ohr, er sieht das Ereignis noch vor seinem inneren Auge und träumt davon, er spürt noch den Schmerz in der gedehnten Muskulatur und befindet sich noch in einem Zustand der Verwirrung. Üblicherweise stellen wir die HWS mit einer Halskrause ruhig. Damit verankern wir, in bester Absicht, Schmerz, Bewegungseinschränkung und Unfallereignis. Ist der Patient einverstanden, geht es auch anders.

Sie haben selbstverständlich Rapport hergestellt, den Patienten untersucht und auf seine Physiologie geachtet. Wenn er den Unfallhergang erzählt und offensichtlich von dem Geschehen noch stark beeinträchtigt ist, ankern Sie diese Streß-Physiologie mit einer Berührung am Arm oder einer anderen Körperstelle. Danach sprechen Sie ganz bewußt über etwas anderes, oder Sie lassen den Patienten aufstehen, um ihn aus dieser Körperhaltung herauszubringen. Das ist ein sogenannter **Separator**. Dann gehen Sie auf die Suche nach Ressourcen. Sie fragen, wie er in Zukunft mit dem Auto fahren möchte. Dabei legen Sie Wert auf die Freude, den Genuß, die notwendige Sicherheit und die frei bewegliche HWS. Dabei achten Sie darauf, wie sich der Gesichtsausdruck verändert, wie die Gesichtsfarbe eine bessere Durchblutung anzeigt, die Atmung freier wird und die Lippen voller werden. Um diesen Zustand zu erreichen, gehen Sie ähnlich vor, wie Sie es selbst bei Ihrem *»Moment of Excellence«* erlebt haben. Wenn Sie die erwünschte Physiologie sehen, ankern Sie mit einer Berührung an einer anderen Körperstelle. Ich nehme dafür immer die andere Körperseite.

Sie haben mit dem oben beschriebenen Vorgehen zwei unterschiedliche Physiologien verankert. Die eine repräsentiert den Streßzustand. Die andere die benötigte Ressource. Es scheint so zu sein, daß in unserem Gehirn manche Erfahrungen nicht miteinander verknüpft sind, so daß wir in streßbeladenen Situationen eine regelrechte Amnesie für unsere Fähigkeiten haben. Das trifft zu auf traumatische Situationen, wie in unserem Beispiel, aber auch auf Prüfungsängste, Zahnarztbesuch, Ärger, Probleme am Arbeitsplatz und eigentlich auf alle Gegebenheiten, bei denen wir das Gefühl haben, blokkiert zu sein. Um eine Verbindung zwischen diesen beiden unterschiedlichen inneren Zuständern herzustellen, integrieren Sie diese beiden Anker. Perls arbeitete dazu mit unterschiedlichen Stühlen, Satir mit Berührungen und Bewegungen im Raum. Im NLP-Jargon nennt man das **Kollabieren von Ankern**. Dazu drücken Sie zuerst den »Problemanker« (Anker 1) und sagen dazu: *»Und während Sie nochmals an diese Situation (Anker 1) denken, können Sie sich vorstellen, daß Sie alle diese Fähigkeiten (dabei drücken Sie gleichzeitig Anker 2) zur Verfügung haben, und Sie können sich überraschen lassen, was geschieht, wenn Sie auch in Zukunft... beim Autofahren über all das verfügen können, was Sie hier haben...«* Während Sie diesen Prozeß mit Ihren Worten begleiten, können Sie sehen, wie sich der Körperausdruck verändert, je nachdem, welchen Anker Sie stärker betonen. Sie lösen dann zuerst den ersten und dann den zweiten Anker. Das Ziel ist erreicht, wenn der körperliche Ausdruck weder Streß noch Ressource repräsentiert, sondern etwas zeigt, was irgendwie dazwischen liegt, irgendwie verwirrt, neu oder versöhnt mit sich und der Situation. Wenn Sie sich dabei Zeit lassen (es dauert nicht länger als 15 Minuten) und einfach spielerisch ausprobieren, was geschieht, werden Sie ein kleines Wunder erleben. Nach meiner Erfahrung verkürzt sich die Erholungszeit und die Dauer der Arbeitsunfähigkeit, die Beweglichkeit der HWS ist rascher wieder hergestellt, und das Autofahren macht eher wieder Freude. Es funktioniert nur dort nicht, wo eine Wirbelblockierung ein mechanisches Hindernis darstellt oder Aspekte der Versicherung für einen sekundären Gewinn sorgen. Sie sollten darauf verzichten, wenn Sie selbst in Zeitdruck sind oder der Patient sich eine solche Manipulation verbittet.

Vielleicht haben Sie eine Scheu davor, ohne eigene Erfahrung oder Anleitung solche Interventionen vorzunehmen. In diesem Fall möchte ich Sie beglückwünschen zu Ihrer Vorsicht und dem Respekt, den Sie Ihrem Patienten entgegenbringen. Ich möchte Sie dennoch ermutigen, mit Ankern zu spielen. Sie haben sicherlich bemerkt, daß Sie nicht »nicht ankern« können.

Wenn Sie dessen gewahr geworden sind, was Sie ohnehin schon tun, ist es viel leichter, es bewußt zu tun. Es müssen anfangs auch keine so komplexen Interventionen sein.

Die *Aufgabe dieser Woche* könnte darin bestehen, daß Sie bei sich selbst eine »Blankoressource« entdecken und einen geeigneten Anker dafür finden. Danach könnten Sie Ihre Aufmerksamkeit auf Stimmen, Geräusche, Worte, Gerüche und visuelle Eindrücke lenken, die geeignet sind, Ihre Stimmung zu verändern, Sie stimmungsmäßig herabzuziehen oder zu fördern. Sollten Sie dann mutiger geworden sein, wenden Sie ganz gezielt tonale oder kinästhetische Anker an, um die Physiologie Ihrer Patienten zu verbessern.

8

Ins Ziel – und dann?

Wissen Sie, wie Sie ein Ziel definieren und beschreiben müssen, damit es wirklich erreichbar ist? Wir lernen dies weder in der Schule noch an der Universität. Am ehesten lernen Soldaten und Manager, Ziele zu beschreiben und zu erreichen.

Sie haben in Ihrem Leben schon viele Ziele erreicht, sonst wären Sie heute nicht in der Position, die Sie jetzt innehaben. *Wie* haben Sie Ihre Ziele gesetzt? *Welche* inneren Bilder und Dialoge waren nötig, um ein klares, erstrebenswertes Ziel zu definieren? *Was* haben Sie getan, um Ihre Ziele zu erreichen? Welche Auswahl haben Sie getroffen, und nach welchen Kriterien haben Sie Ihre Ziele gewählt?

Was ist der Unterschied zwischen der Planung eines Urlaubs und der Planung einer Diät? Wenn wir unseren Urlaub planen, wissen wir in der Regel, WO wir hinwollen, an welchen Ort, in welches Hotel in welchem Land und welcher Stadt, wir wissen, WANN wir dort sein wollen und wie lange, wir wissen, welchen Aufwand es erfordert, wie lange wir sparen und eventuell auf anderes verzichten müssen, wir haben eine Vorstellung davon, was uns dort erwarten wird und wie es sein wird, wenn wir erst dort sein werden. Wir wissen, daß wir uns an einem bestimmten Tag auf den Weg machen müssen und wann wir wieder zurück sein müssen. Oft träumen wir schon bei der Planung von unserem Urlaub. Wir wissen, wo wir heute stehen und wo das Ziel ist, wir schaffen die Möglichkeiten, es zu erreichen, und wir geben uns eine Chance, den Urlaub zu genießen.

Wenn Sie, liebe Kollegin, einen Patienten zur Gewichtsreduktion motivieren wollen, sieht es mit der Zielgenauigkeit ganz anders aus. Ihr Patient sagt dann vielleicht: *»Ich will ja abnehmen, aber ich habe schon so vieles ausprobiert. Nichts hat funktioniert. Außerdem esse ich ja gar nicht so viel, da können Sie meine Frau fragen!«* Da Sie mit Antworten dieser Art schon vertraut sind, fragen Sie nach dem Ziel: »Wieviel wollen Sie denn abnehmen?« Meistens kennen unsere Patienten sehr wohl ihr Sollgewicht, und so sagt er: *»Na, 15 Kilo sollen es schon sein!«* – »Wie haben Sie es sich vorgestellt, das zu schaffen?« Darauf: *»Mit fdH vielleicht. Aber wenn ich gar nichts mehr essen darf, dann laß ich es lieber gleich sein!«* So oder ähnlich verlaufen viele Gespräche über Diät bei Patienten mit Diabetes, Fettstoffwechselstörungen oder Übergewicht. Es kommen dabei Muster zum Vorschein, die eine erfolgreiche Verhaltensänderung unwahrscheinlich machen. Das bisherige Verhalten war vermutlich irgendwann einmal sinnvoll. Eine Änderung würde das ganze Lebensgefühl in Frage stellen.

Das oben beschriebene Modell entspricht einem Versagensmodell. Dabei werden alle Verletzungen des Metamodells angewandt. Das Wörtchen **ABER** spielt in diesem Zusammenhang eine große Rolle. Es entwertet sehr effektiv jede vorausgegangene Aussage.

Im NLP modellieren wir jedoch erfolgreiche Strategien und Verfahrensweisen. Zur Klärung von Zielen ist das Konzept der **wohlgeformten Zieldefinition** hilfreich. Wenn Sie es einige Male angewandt haben, wird es für Sie unverzichtbar sein.

Der **erste** Schritt dient der Analyse des momentanen Zustandes. Dabei geht es darum, mit den sprachlichen Möglichkeiten des im 6. Kapitel beschriebenen Metamodells zu klären, welche positiven und welche negativen Aspekte der gegenwärtige Zustand hat. Dieses scheinbar so einfache Hinterfragen des Ist-Zustandes erlaubt es, bezüglich des anstehenden Problems einen anderen Standpunkt einzunehmen. Es ist meist nicht klar, welche Vorteile der gegenwärtige Zustand bietet und wie das Verhältnis bezüglich der negativen Aspekte ist.

Metamodell

Danach wird das Ziel bestimmt. Im NLP fordern wir, daß ein Ziel POSITIV beschrieben wird. Das hat mit dem üblichen »positiven Denken« nichts zu tun. Es macht jedoch einen großen Unterschied, ob ich sage: »Ich will abnehmen und werde nicht mehr so fett essen.« Oder ob ich sage: »Ich werde ein Gewicht von 70 Kilo erreichen, das entspricht einer Konfektionsgröße von X, und ich....!« Die Grundlage für die Forderung einer positiven Zielbeschreibung ist die Erkenntnis, daß unser Gehirn sich von einer verneinenden Aussage ein inneres Bild von dem erzeugt, was wir verneinen, und dann im Rahmen seiner Möglichkeiten versucht, eben dies zu verwirklichen. Dabei ist es gleichgültig, ob es sich um das Nicht-mehr-Rauchen, Keinen-Zucker-Essen oder die Ent-Spannung handelt. Zuerst entsteht eine Vorstellung von Rauchen, Zucker, Spannung. Das Beispiel von den weißen Mäusen mit den schwarzen Punkten und den blauen Schwanzspitzen, das Sie sich bitte auf gar keinen Fall vorstellen sollen, weil es so absurd ist, kennen Sie sicher. Haben Sie bemerkt, was Sie sich vorgestellt haben, obwohl Sie es nicht sollten? Eine Negation gehört in die Problembeschreibung, aber nicht mehr in die Zielformulierung.

Genauso wichtig ist es, **auf Vergleiche** zu **verzichten**. Wenn Sie Worte wie *schlanker, größer, mehr, dünner, schöner* oder *besser* verwenden, so hat Ihr Gehirn als Vergleichsmaßstab immer den Zustand präsent, den Sie eigentlich verändern wollen. Sie erinnern sich an das Metamodell und fragen sehr genau nach: »In bezug worauf?« Damit können Sie in Situationen, in denen Vergleiche verwendet werden, ungenaue Zielangaben klären.

Der nächste Schritt besteht darin, den Patienten dahin zu bringen, daß er ein Ziel beschreibt, das **durch ihn selbst initiiert** und **kontrolliert** werden kann. Solange er sich wünscht, daß seine Frau nicht mehr so fett kocht und ihm weniger auf den Teller häuft, hat er wenig Chancen, sein Ziel zu erreichen. Statt dessen erarbeiten Sie mit ihm eine Formulierung, in der er die Verantwortung für die Gestaltung seines Zieles und für die Durchführung der notwendigen Maßnahmen selbst trägt. Die Formulierung, die dann möglich wäre, könnte so lauten: »Ich lege bestimmte Essenszeiten fest, und ich entscheide mich dafür, bis ich mein Ziel erreicht habe, jeden Tag 1000 Kalorien zu essen und dafür folgende Nahrungsmittel auszuwählen...!«

Um das erwünschte Ziel attraktiv und zwingend zu machen, sollte die Beschreibung SINNESSPEZIFISCH sein. Es sollten also alle erlebbaren Qualitäten repräsentiert sein. Sie kennen dieses Vorgehen bereits. Sie fragen danach, *woran Ihr Patient merken wird*, daß er sein Ziel erreicht hat. Sie führen ihn dabei durch die visuellen, auditiven, kinästhetischen, olfaktorischen und gustatorischen Modalitäten des Erlebens. Das könnte dann so aussehen: »Wenn ich mein Ziel erreicht habe, werde ich so beweglich sein, daß ich mit meiner Frau wieder einen Foxtrott tanzen kann. Ich sehe mich dabei in meinem Anzug der Größe X und freue mich darüber, wie elegant ich ausschaue. Ich höre, wie sich meine Freunde bewundernd äußern und was ich selbst zu mir sage. Ich spüre, wie leicht sich mein Körper anfühlt und wie angenehm es ist, so beschwingt zu tanzen...!« Auch hierbei geht es nicht darum, dem Gehirn etwas vorzugaukeln, was nicht ist. Es geht darum, ganz klar festzulegen, was der Patient sehen, hören und fühlen wird, wenn sein Ziel erreicht ist. Wenn dieser Schritt versäumt wird, kann es sein, daß ein Ziel längst erreicht ist und wir mangels eindeutiger Kriterien nicht bemerkt haben, daß wir schon dort sind.

Der folgende Schritt macht die vorhandenen **Ressourcen** bewußt. Wie im vorigen Kapitel beschrieben, haben wir in bestimmten Kontexten einen »Gedächtnisverlust« bezüglich unserer Fähigkeiten. Damit das Ziel erreicht werden kann, müssen Möglichkeiten damit verknüpft werden, die bisher dafür nicht zur Verfügung standen. Sie können dann fragen: »Wenn Sie daran denken, welche Versuche Sie bisher unternommen haben, um abzunehmen, wo waren da die Stolpersteine? Welche Fähigkeiten bräuchten Sie jetzt, um Ihr Ziel sicher erreichen zu können? Sie haben in Ihrem Leben, mit unterschiedlichen Menschen in unterschiedlichen Situationen eine Vielzahl von Erfahrungen gesammelt. Welche von diesen vielen Erfahrungen würde Ihnen jetzt am besten helfen?« Mit diesen Fragen lassen sich Lebenserfahrungen wieder erinnern und mit dem Ziel verknüpfen. Sie sind bei diesem Schritt besonders gefordert, weil Sie sowohl die sprachliche Formulierung als auch die Physiologie des Patienten beachten müssen. Sie sollten dabei wirklich nur Ressourcen akzeptieren, die Sie sowohl in der Körpersprache als auch in der gesprochenen Sprache als solche wahrnehmen können.

Eine Vorannahme im NLP besagt, daß wir Menschen immer die **beste Auswahl treffen**, die uns momentan zur Verfügung steht, auch wenn es objektiv andere und bessere Möglichkeiten gibt. Außerdem behaupten wir, daß jedes Verhalten in irgendeinem Kontext **nützlich** ist. Unser Patient weiß genau, vielleicht nicht bewußt, auf alle Fälle jedoch unbewußt, weshalb es für ihn wichtig war, dieses Gewicht oder dieses Problem zu haben. Außerdem sind in seinem Gehirn alle Informationen gespeichert, was er braucht, um sein Ziel erreichen zu können. Das führt uns zum nächsten Schritt.

Dabei geht es um die **ÖKOLOGIE** des Zieles bzw. der geplanten Veränderung. Wir Menschen sind soziale Wesen und eingebettet in mannigfaltige Beziehungen und Abhängigkeiten. Nehme ich an mir gravierende Veränderungen vor, verändert sich zwangsläufig meine Beziehung zu den Menschen, mit denen ich zusammenlebe und -arbeite. Oftmals wären Veränderungen der eigenen Persönlichkeit so gravierend, daß unsere Umwelt mit Liebesentzug, Ächtung oder Strafe reagieren würde. Zumindest ist diese Befürchtung vorhanden, weshalb unser Unterbewußtsein mit Recht alle Bestrebungen nach einer Veränderung, z.B. auch einer Gewichtsreduktion, sabotiert. Die ökologische Frage lautet: *»Wann, wo und mit wem wollen Sie sich wie verhalten? Was wird sich verändern mit*

Ihnen und mit Ihrer Umgebung, wenn Sie Ihr Ziel erreichen? Welche negativen Konsequenzen wird diese Veränderung haben? Sind Sie bereit, diesen Preis zu bezahlen?« Sehr oft erfolgt in diesem Stadium der Zieldefinition eine Korrektur des Zieles. Wenn dieser Schritt versäumt wird, kann es passieren, daß der Patient zwar sein Ziel erreicht, dabei aber vielleicht seine Ehe zerbricht. Oder daß das Ziel so wie bisher nicht erreicht wird.

Wenn Sie den Lebenskontext und die Konsequenzen ausreichend berücksichtigt haben, kommt der Schritt in die Zukunft, der im NLP ***Future Pace*** genannt wird. Wir orientieren damit den Patienten in die Zukunft. Wir legen ihn fest, indem wir fragen: »Was ist Ihr nächster ganz konkreter Schritt in Richtung auf Ihr Ziel?« Bis wann will er auf jeden Fall den ersten Schritt getan haben? Bis wann will er die erste Etappe erreicht haben? Bis wann will er am Ziel sein, und woran wird er merken, daß er sein Ziel erreicht hat? Wie wird er sich bei der nächsten Entscheidungssituation in bezug auf sein Ziel verhalten?

Mit diesem Vorgehen erhöhen Sie die Wahrscheinlichkeit, daß der Patient sein Ziel erreicht. Sollten gravierende innere Einwände vorhanden sein, sind weitergehende Interventionen notwendig. Dieses Modell habe ich an einem banalen Beispiel aus der Praxis zu erläutern versucht. Das Problem, konkrete und verbindliche Ziele zu formulieren, haben wir wohl alle. Es ist mir wichtig, daß Sie dieses Procedere mit sich selbst ausprobieren, bevor Sie beginnen, es in der Praxis einzusetzen. Suchen Sie sich dazu ein Problem, das momentan ansteht und für das Sie gerne ein klares Ziel formulieren würden. Wenn Sie das folgende Schema durchlaufen haben, werden Sie immer, wenn es um Ziele oder Probleme geht, daran denken.

1. IST-Zustand
1.a Was ist daran positiv?
1.b Was ist daran negativ?
1.c Will ich es ändern?
2. Wohlgeformte Zielformulierung
2.a Positive Formulierung, keine Negationen
2.b Keine Vergleiche
2.c Sinnesspezifisch und konkret
2.d Situationsspezifisch
2.e Selbst initiierbar
2.f Selbst kontrollierbar
3. Ressourcen
4. Ökologie
4.a Wo, wann, mit wem
4.b Negative Konsequenzen
5. Schritt in die Zukunft

Wenn Sie auf diese Art Ihr Ziel geklärt haben, bleibt Ihnen nur noch übrig, sich selbst eine Chance zu geben und den ersten Schritt zu tun.

Bezogen auf unsere ärztliche Arbeit ist es oft nicht möglich, alle diese Schritte mit unserem Patienten in einer Sitzung durchzugehen. Es handelt sich dabei um einen Lernprozeß, der einige Zeit beansprucht. Es ist schon ein Gewinn, wenn Sie Teile davon in Ihrer täglichen Praxis anwenden.

> Als ***Übung für diese Woche*** können Sie auch jetzt wieder Ihre Aufmerksamkeit auf Teile des Ganzen lenken. Sie können einen Tag Probleme genauer umschreiben lassen und die positiven und negativen Aspekte beleuchten. Den anderen Tag kümmern Sie sich vielleicht mehr um wohlgeformte Ziele. Im weiteren Verlauf der Woche könnte es Ihnen Vergnügen bereiten, bei Ihren Patienten Ressourcen zu wecken oder sich den ökologischen Aspekten zu widmen. Jede einzelne Facette dieses Schemas gehört für mich zur ärztlichen Kommunikation. Ich nenne es für mich »Säen neuer Ideen«.

9

Bezaubernde Sprache

Das Milton-Modell

Sie haben im 6. Kapitel gelernt, wie Sie Sprache entzaubern und verborgene Informationen wiedergewinnen können. Wenn es jedoch darum geht, Lernvorgänge zu induzieren, Zugang zu verborgenen Fähigkeiten zu gewinnen oder auch zu manipulieren, sind hypnotische Sprachmuster am effektivsten. Milton Erickson war ein Meister der Hypnotherapie und eines der Modelle für die Begründer des NLP. Seine bevorzugten Sprachmuster werden in liebevollem Angedenken **Milton-Modell** genannt. Sie sind gleichzeitig die Grundlagen der sogenannten *neuen Hypnose*, die ohne die klassischen Show-Effekte der Bühnenhypnose auskommt. Sie fragen sich sicher, wozu Ihnen in Ihrer Praxis die Kenntnis hypnotischer Sprachmuster nützen könnte. Selbst wenn Sie nie in dieser Form mit Ihren Patienten sprechen sollten, ist es nützlich, sie zum eigenen Schutz zu kennen.

Wir werden täglich in Zustände eines veränderten Bewußtseins versetzt. Des Deutschen und Amerikaners liebstes Kind ist, soweit es um Zeitaufwand und Aufmerksamkeit geht, das Fernsehen. Der Blick wird durch die flimmernde Mattscheibe fokussiert, der bewußte Verstand wird durch die rasche Folge von Bildern und Worten überladen, so daß der Zuschauer für sublime Botschaften empfänglich wird und den Inhalt nicht mehr bewußt wahrnimmt. Das Gleiche passiert bei Parteiprogrammen, in Werbespots, bei Aktionärsversammlungen und politischen Veranstaltungen jeder Art. Politiker, Journalisten, Demagogen, Entertainer und Meinungsmacher bedienen sich bewußt oder unbewußt *hypnotischer* Sprache mit dem erklärten Ziel, uns zu beeinflussen.

Das Milton-Modell ist in gewissem Sinn die Umkehrung des Metamodells. Was dort entzaubert wird, soll hier verzaubern. Wenn Sie das Milton-Modell anwenden, ist es besonders wichtig, darauf zu achten, daß Sie einen guten Rapport zu

Ihrem Gesprächspartner haben. Die Aufmerksamkeit des Patienten ist oft schon fixiert auf sein Problem oder seinen Schmerz. Angenommen, Sie wollen in bezug auf die bestehende Störung eine Botschaft vermitteln, so ist es hilfreich, mit **Verbindungswörtern** einen Zusammenhang herzustellen. Sie bestätigen nochmals die Aussage des Patienten (pacen) und fügen Ihre Aussage mit einem verbindenden Wort wie *und* oder *aber* an. Die Verknüpfung mit aber ist mit Vorsicht zu benutzen, da damit das Vorhergehende in Frage gestellt wird. Noch eindrucksvoller wird diese Verbindung, wenn Sie Wörter verwenden, die eine **Kausalität** herstellen, wie *wenn-dann, während, weil, bevor, nachdem* und *da*. In der Sprache der Politik heißt es dann: »Wenn Sie uns wählen, werden Sie einen großen Beitrag zur Stabilität leisten!« In der Werbung werden wir häufig mit solchen Ursache-Wirkungs-Verbindungen konfrontiert. Es kann z.B. behauptet werden: »Nur wenn Sie Generika verordnen, sind Sie wirtschaftlich, während Sie sonst mit Sicherheit...!« Auch die **Tilgung**, die Sie eben überlesen haben, ist effektiv, da Sie angeregt werden, den unvollständigen Satz zu komplettieren. Wo ich Ihnen Pünktchen angeboten habe, werden Sie wahrscheinlich Ihre eigenen Befürchtungen, Erwartungen oder Erinnerungen eingesetzt haben.

Angenommen, Sie wollen Ihren Patienten in einen entspannten Zustand führen, dann können Sie die bisherigen Wortmuster mit **Nominalisierungen** verbinden. Das hört sich so an: *»...und während Sie Ihren Atem wahrnehmen und das Zucken Ihrer Hand spüren... werden Sie immer mehr diesen entspannten Zustand genießen können... und selbst das Schlucken erlaubt Ihnen immer mehr, die Wärme in Ihren Gliedmaßen zu empfinden...!«* Mit solchen Nominalisierungen wie Wärme, Schlucken, Atem, Zustand oder auch Entspannung, Neugierde etc. verwandeln Sie lebendige Vorgänge oder Tätigkeiten in Hauptwörter, die es dann dem Hörer oder Leser wiederum gestatten, seine eigene Deutung einzufügen und zu erleben. Je **vager** und **offener** dabei Ihre Aussage ist, desto weniger Widerstand werden Sie hervorrufen. Sie finden gewiß Situationen und Erlebnisse aus Ihrer Praxis, die es Ihnen leichtmachen, Ihre eigenen Anwendungsmöglichkeiten zu entdekken. In den letzten Satz habe ich mittels **unspezifischer Verben** (finden, entdecken, leichtmachen) und **Gedankenlesen** (Sie finden gewiß) Sie dazu gebracht, auf eine innere Suche nach Situationen, Erlebnissen und Anwendungsmöglichkeiten zu gehen. Unser Gehirn macht diese Arbeit ganz automatisch, wenn Worte verwendet werden, die dazu einladen, eigene Inhalte oder Bedeutungen zu suchen.

Lassen Sie mich kurz von etwas berichten, das einer meiner Chefs über seinen klinischen Lehrer zu erzählen pflegte. Dieser im Dienst ergraute Professor betonte immer wieder, wie wichtig es für jeden Arzt sei, mit dem ihm anvertrauten Patienten respektvoll umzugehen. Er sagte, daß für ihn jeder Mensch ein einmaliges Wesen sei, das so viel Einzigartiges verkörpere, selbst wenn er in seiner Hilflosigkeit unser Bedauern hervorruft. Dann erzählte er, wie ein Patient ihm das Allerwichtigste für seine Berufsausübung beigebracht hat, und er erinnerte sich an diese Lektion in Liebe und Demut. Und während ich damals, so wie Sie jetzt, voller Neugierde auf die Fortsetzung der Geschichte und auf diese Lektion wartete, ermöglicht dieses vergebliche Warten, unseren eigenen Gedankenfaden zu spinnen und den Lektionen unseres Lebens nachzuhängen.

Diese **unvollkommene** Geschichte bleibt offen, die eigentliche Aussage liegt im Verborgenen, und trotzdem ist eine Botschaft zu spüren. Solche oder ähnliche Geschichten erzählen wir, wenn ein schwieriger Sachverhalt in die Sprache des Patienten bzw. seines Unterbewußtseins übersetzt werden soll oder wenn es darum geht, einen neuen Blickwinkel oder eine Moral zu vermitteln. Die hypnotische Sprache dieser **Metaphern** erlaubt eine Lernerfahrung, ohne daß wir als

Fachleute gleich die Lösung vorgeben. Wir setzen einen Rahmen, der so offen ist, daß der Patient genügend Freiraum hat, ihn mit seinen eigenen Inhalten zu füllen, Zugang zu verschütteten Ressourcen und seinen eigenen Lösungen zu finden, die ihm beim verstandesmäßigen Nachdenken verschlossen sind.

Sie verabscheuen solche Manipulationen? Ja, ich auch! Trotzdem sind sie im Kontext der Arzt-Patient-Begegnung viel weniger gefährlich als z.B. im Fernsehen oder in der Werbung. Sie haben den eindeutigen Auftrag, beim Patienten etwas zu bewirken. Sie arbeiten mit einer ethischen Einstellung, die im Bereich der Medien unbekannt ist. Sie wollen für Ihren Patienten nur, was ihm nützt. Außerdem merkt Ihr Patient sehr genau jeden Manipulationsversuch, der seinen Bedürfnissen und seinem Lebenskontext zuwiderläuft. Was passiert? Der Rapport reißt ab, und Sie sind gezwungen, einen neuen Weg zu gehen. Sie können nicht »nicht manipulieren«, genauso wie Sie nicht »nicht kommunizieren« können.

Diese wenigen Muster sollen reichen. Das Milton-Modell ist noch viel umfangreicher. Sie sollten es jedoch, wenn Sie Interesse haben, in einem entsprechenden Workshop als Selbsterfahrung erleben. Die Kenntnis der bezaubernden Sprache erlaubt viele therapeutische NLP-Interventionen, die im Rahmen einer Gesprächstherapie oder eines Coachings anwendbar sind. Dieses Kapitel hat seinen Zweck erfüllt, wenn Sie sensibler geworden sind für Manipulationen jeder Art.

Auch unsere Patienten hypnotisieren uns. Wie oft erleben Sie es, daß Sie sich körperlich schlecht fühlen, nachdem Ihnen ein Patient seine Leidensgeschichte erzählt hat? Es kann sogar sein, daß es ihm dann besser geht, während Sie noch in einem Zustand gefangen sind, der ärgerlich oder ängstlich oder irgendwie unangenehm sein mag. Scheinbar gibt es keinen realen Grund für diese miese Stimmung. Oh doch! Ihr Patient hat Sie in seine Welt hineinhypnotisiert. Sie waren voller Empathie und bereit zu verstehen. Sie hatten einen guten Rapport. Ihr Patient konnte Ihnen, ohne es zu wollen, sehr subtile Botschaften vermitteln. Von diesen Geschehnissen leben unsere Balintgruppen. Wenn Sie von Ihrem Patienten hypnotisiert werden, sind Sie in einem ***assoziierten*** Zustand. Sie benötigen dann eine bestimmte Zeit, um diesen veränderten Bewußtseinszustand loszuwerden. Wenn Sie sich diese Zeit nicht gönnen, behalten Sie die Stimmung und haben gleichzeitig eine Amnesie für die auslösende Begegnung. Während der Medizinerausbildung findet etwas statt, was hierbei sehr hilfreich ist. Wir lernen, allerdings nicht explizit, zu ***dissoziieren***, was bedeutet, daß wir mit einem gewissen inneren Abstand an all das Leid herangehen können, mit dem wir konfrontiert werden. **Dissoziation** ist eine wichtige Fähigkeit für jeden Therapeuten. Wer nur dissoziiert ist, wirkt kalt und unnahbar. Wer immer assoziiert ist, wird bald ausgebrannt sein und von wechselnden Stimmungen gebeutelt werden.

Die ***Aufgabe dieser Woche*** besteht darin, das Meta-Modell der Sprache umzukehren und ganz bewußt darauf zu achten, wer sich solcher Sprachmuster bedient. Vielleicht achten Sie darauf, wie es Ihnen geht, wenn jemand so mit Ihnen spricht. Es kann sein, daß Sie erst hinterher merken, daß es Ihnen bei dem Gespräch besonders gut oder irgendwie schlecht ging. Sollten Sie noch fernsehen, achten Sie auf die Werbespots und die Wahlreden. In der Zeitung könnten Sie bemerken, wie wenig konkret viele Nachrichten und wie vage viele Berichte sind, die uns hinterher voller Angst oder Verwirrung in den Tag gehen lassen. Sie könnten sich auf die Suche begeben nach den versteckten Aussagen und Motiven. Diese Selbsterfahrung läßt Sie dann mit der gebotenen Vorsicht und Achtsamkeit kleine Experimente wagen. Vielleicht beginnen Sie bei Ihren Kindern, bevor Sie Ihre Patienten mit hypnotischen Sprachmustern beglücken. Kinder lieben Geschichten. Zwei Vorannahmen des NLP sind dabei hilfreich. Es ist gut, zu wissen, daß die Bedeutung Ihrer Kommunikation in der Reaktion liegt, die Sie bekommen, und daß es bei der Kommunikation prinzipiell keine Fehler gibt. Es gibt nur Ergebnisse. Ihre Aufgabe ist es, dieses Feedback wahrzunehmen und flexibel darauf zu reagieren. **Viel Vergnügen dabei!**

10

Neue Rahmen braucht der Mensch

Sie haben inzwischen die Grundelemente der Kommunikation kennengelernt. Sie wissen, wie das menschliche Gehirn Sinneswahrnehmungen aufnimmt und verarbeitet. Sie konnten sich mit der Bedeutung der Sprache auseinandersetzen, Sie haben ein wohlgeformtes Ziel beschrieben, das Metamodell, hypnotische Sprachmuster und einige Vorannahmen des NLP kennengelernt. Eine wichtige Vorannahme ist, daß wir Menschen mit dem, was wir tun, perfekt funktionieren, sogar bei sog. Aberrationen und Fehlfunktionen, und daß selbst das ungewöhnlichste Verhalten in einem bestimmten Kontext sinnvoll ist.

Im Rahmen der ärztlichen Tätigkeit werden Sie mit einer Vielzahl von Fehlfunktionen und gesundheitsschädigenden Verhaltensweisen konfrontiert. Es eröffnet ganz neue Aspekte für die Therapie, wenn ich dem Patienten zugestehe, daß sein *Fehlverhalten* oder *Symptom* aus seiner Lebensgeschichte heraus sinnvoll ist. Ich kann als Therapeut dann gemeinsam mit meinem Patienten auf die Suche nach diesem Sinn gehen und hinterfragen, ob dieses Verhalten oder Symptom in seinem jetzigen Leben noch nützlich ist oder nicht. Eine weitere Vorannahme ist, daß die Menschen nicht auf die Wirklichkeit reagieren, sondern auf die Landkarten, die sie sich von der Wirklichkeit gemacht haben. Voraannahmen sind Arbeitshypothesen. Sie stehen immer auf dem Prüfstand ihrer Nützlichkeit.

Diese Voraannahmen und die Gewißheit, daß jeder Mensch das Wissen um seine Heilung unbewußt in sich trägt, schaffen einen neuen Rahmen für den therapeutischen Kontext und für die Kommunikation mit mir selbst und mit meinen Mitmenschen. Das klingt nun sehr nach einem idealisierten positivistischen und weltfremden Menschenbild. Deshalb bitte ich Sie, nichts zu glauben, sondern mit dieser Voraannahme mit einem Patienten in einer genau umgrenzten therapeutischen Begegnung zu arbeiten. Geeignet sind dafür partnerschaftliche

Störungen, Arbeitsplatzprobleme, Schlafstörungen, chronische Schmerzen, Altersbeschwerden, Verhaltensstörungen und eine Vielzahl psychosomatischer Erkrankungen. Der Therapeut übernimmt dabei die Funktion eines Geburtshelfers, der die Schwangerschaft begleitet, die Geburt leitet und das Kind in Empfang nimmt. Das Kind austragen und gebären muß die werdende Mutter selbst. Dieser Rahmen erlaubt eine große Flexibilität in der Gesprächsführung und gibt dem Patienten die Verantwortung für die Lösung seiner Probleme zurück.

Neue Rahmen können Sie setzen, wenn Sie eine dicke Person damit irritieren, daß Sie behaupten, die Fülle ihres Körpers erfülle einen besonderen und wichtigen Zweck in ihrem Leben. Es könnte sein, daß dieser Mensch eine Schutzschicht gegenüber der feindlichen Welt braucht oder daß dieses Gewicht notwendig ist, um *gewichtiger* sein zu können. Der Volksmund macht es uns vor, wenn er vom *Kummerspeck* spricht, oder von der Notwendigkeit, *alles in sich hineinfressen* zu müssen. Mit dieser ungewohnten Aussage machen Sie ein **Bedeutungsreframing**, Sie holen Ihren Patienten dort ab, wo er sich momentan befindet, pacen ihn und eröffnen damit neue Wege für mögliche Veränderungen. Ähnliche Umdeutungen sind bei einer Vielzahl von Symptomen möglich. Sie könnten, selbstverständlich nach Abklärung anderer Ursachen, den Patienten fragen, wofür dieses ungeliebte Symptom gut sein könnte. Vielleicht wäre auch die Frage interessant, was sich in diesem Leben verändern würde, wenn die Migräne, der Heuschnupfen oder ein anderer Schmerz fehlten. Doch Vorsicht! Diese Fragen sind so ungewohnt, daß es schon der eigenen Überzeugung oder zumindest der experimentellen Anwendung obiger Vorannahmen bedarf, um dem Patienten diese neue Art, über seine Krankheit nachzudenken, auf richtige Weise vermitteln zu können. Kommt er doch mit einem Problem, das Sie beseitigen sollen. Die Wirkung ist oft dramatisch. Meistens stutzt der Patient und kontrolliert, ob der Arzt es auch ernst meint. Wenn er sieht, daß diese Aussage kongruent vermittelt wird, kann er eine Fülle neuer Einsichten zulassen und einen sekundären Krankheitsgewinn oder einen Auslöser sehr exakt benennen.

Im NLP versuchen wir, Klagen, Beschwerden, Schmerzen und Symptome nutzbar zu machen, indem wir versuchen, dafür neue ungewohnte Rahmen zu setzen. Im normalen therapeutischen Gespräch ist es sehr oft möglich, neue Bedeutungen vorzuschlagen oder Lebenskontexte zu finden, in denen die Klage oder das unerwünschte Verhalten eine sinnvolle Reaktion darstellten. Solche Umdeutungen (**Reframings**) können effektiv sein bei vielen unerwünschten Gefühlen wie

Angst, unkontrollierter Wut, Trauer, Eifersucht und *Ärger*. Wenn wir wissen, daß z.B. Angst ein Gefühl ist, das es uns ermöglicht, zukünftige Gefahren vorwegzunehmen und uns proaktiv darauf einzustellen, um uns zu schützen, ergeben sich viele Möglichkeiten, mit einer Vielzahl von *Alltagsängsten* auf eine neue Art umzugehen. Der Schmerz ist ebenfalls häufig für ein Bedeutungs- oder Kontextreframing geeignet. Unsere Patienten und wir selbst sind sehr schnell dabei, Schmerzen als lästig und unnötig zu bezeichnen. Erst wenn wir uns darüber Gedanken machen, was wäre, wenn wir keine Schmerzempfindung hätten, wird klar, daß der Schmerz uns schützt, indem er uns auf Verletzungen, Fehlfunktionen und Gefahren aufmerksam macht. Unter diesem Aspekt wird der Schmerz zu einem Freund, und mit Freunden geht man rücksichtsvoll und achtsam um. Um Einwänden vorzubeugen, möchte ich nochmals betonen, daß solche verbalen Interventionen erst sinnvoll sind, wenn die Diagnostik abgeschlossen ist und die medikamentöse bzw. operative Therapie nicht notwendig oder möglich ist oder die Gesprächsintervention eine notwendige anderweitige Therapie begleitet.

Bedeutungsreframings sind möglich durch Anekdoten, Witze und kleine Geschichten. Eugen Roth war ein Meister des Umdeutens. Wenn er schreibt:

Bei Nikotin und Alkohol
fühlt sich der Mensch besonders wohl.
Und doch, es macht ihn nichts so hin
wie Alkohol und Nikotin!

Das Gedicht von der Suggestion vermittelt diesen Aspekt auf besonders nette Art:

Ein Kranker spürt trotz der Behandlung
in seinem Zustand keine Wandlung.
Ja, es werd schlechter, möcht er denken.
Jedoch, um nicht den Arzt zu kränken,
sagt er bescheiden: »Herr Professor,
es wird wohl stimmen – mir geht's besser!«
Und sieh – das tut's auch, mit der Zeit:
Welch ein Triumph der Höflichkeit!

Vielleicht haben Sie inzwischen Lust bekommen, mit dem Setzen neuer Rahmen zu experimentieren. Sie könnten in dieser Woche bei sich selbst einen Schmerz oder eine ungeliebte Verhaltensweise wählen. So wäre es möglich, Ihren Spannungskopfschmerz, Ihre Blähungen oder Magenbeschwerden zu fragen, was das für Ihr Leben bedeutet. Wann tritt diese Beschwerde mit Vorliebe auf, in welchen Situationen, mit welchen Menschen? Welche Bilder oder inneren Dialoge entstehen, wenn Sie mit der Vorannahme dieses Kapitels dieses Symptom betrachten? Wenn Sie eine ungeliebte Eigenschaft gewählt haben, ist es sicher spannend, sich zu überlegen, in welcher Situation und mit welchen Menschen genau diese Eigenschaft hilfreich ist, um besser überleben zu können? Vielleicht sind Sie häufig aufbrausend, aggressiv, ärgerlich oder ungeduldig. In welchen Kontexten sind diese Verhaltensweisen notwendig? Nachdem Sie auf diese Art neue Informationen gewonnen haben, können Sie bestimmen, wo Sie diese Eigenschaft zur Verfügung haben wollen und wo nicht und wie Sie sich in der Situation verhalten wollen, wo sie lästig war. Damit schaffen Sie sich mehr Flexibilität und bereichern Ihr Leben mit neuen Möglichkeiten.

11

Der sechseckige Rahmen

Was ich Ihnen bisher vorgestellt habe, konnten Sie mit Gewinn in Ihrer täglichen ärztlichen Gesprächsführung verwenden, ohne etwas wirklich Neues lernen zu müssen. In diesem Kapitel möchte ich Ihnen das SIX STEP REFRAMING nahebringen. Auf den ersten Blick mag es so scheinen, daß diese Intervention in einem Buch über Kommunikation wenig zu suchen hat. Es handelt sich dabei um ein Therapieverfahren, das für viele psychosomatische Störungen hervorragend geeignet ist. Während des Prozesses lernen der Patient und der Arzt, auf eine ganz neue und effektive Art und Weise mit sich selbst zu kommunizieren. Nachdem dieses Schema gelernt ist, ändert sich auch die Kommunikation nach außen. Deshalb ist es mir wichtig, es Ihnen als kommunikatives Modell vorzustellen.

Die WHO definiert Gesundheit als völliges körperliches, geistiges, seelisches und soziales Wohlbefinden. Im christlichen Abendland gilt der Mensch als die Krone der Schöpfung und dazu ausersehen, sich die Welt untertan zu machen. In anderen Kulturen wird dies anders gesehen. Wir erleben zur Zeit einen Paradigmenwechsel. Der Mensch ist eingebunden in seine organische Umwelt, und er ist Teil der Natur. Wir bestimmen uns im Kontakt mit dieser Umwelt in jedem Moment rückbezüglich wieder selbst. Um diese Rückbezüglichkeit besser verstehen zu können, empfehle ich Ihnen die neueren Arbeiten von Maturana und Varela oder die klassischen Arbeiten von Bateson oder Watzlawick.

Es war früher aus didaktischen Gründen wichtig, Körper, Seele und Geist voneinander zu trennen. Heute ist es viel sinnvoller geworden, diese abgetrennten Teile der menschlichen Persönlichkeit zu vereinen und sie **miteinander** wirken zu lassen. In diesem Sinne war es ein großer Fortschritt, daß die rein organische Medizin um den Gedanken der psychosomatischen bzw. somatopsychischen Krankheitsbilder bereichert wurde. Die daraus erwachsene Erkenntnis führte zwar zu einem besseren Verständnis in bezug auf Pathogenese und

Diagnose. Die daraus resultierenden therapeutischen Möglichkeiten haben sich leider vielfach in den außerärztlichen Bereich verlagert. Psychotherapeuten und Heilpraktiker haben einen Teil dieser Aufgabe übernommen.

Das NLP-Modell mit den sechs Schritten hat sich so sehr bewährt, daß ich es von Herzen empfehle. Sie können damit, einen zeitlichen Rahmen von etwa einer Stunde vorausgesetzt, Ihre psychosomatische Kompetenz zurückgewinnen oder erweitern. Es handelt sich bei dieser Gesprächsintervention um keine eigentliche Psychotherapie, obwohl Sie damit Seele, Geist und Körper behandeln.

Die erste Vorannahme beim **SIX STEP REFRAMING** ist, daß wir in unserem inneren Erleben mehrere spezialisierte **Teile** haben, die wie in einer großen Organisation mehr oder weniger gut zusammenarbeiten und in ihren jeweiligen Arbeitsbereichen absolut zuverlässig sind. Mit einer technischen Metapher könnten wir diese Teile als Module bezeichnen. Im körperlichen Bereich wären solche Spezialisten zuständig für die Herztätigkeit, die Atmung, die Regulation des Blutdrucks, der Körpertemperatur und des Blutzuckers. Auch unser Verstand hat seinen Platz in diesem ***Teilemodell*** und auch der Teil unseres nicht bewußten Erlebens, der Angst, Schmerz oder ein psychosomatisches Symptom erzeugt. Jeder diese Teile ist genetisch und entwicklungsgeschichtlich definiert, er ist eingebunden in den Gesamtorganismus. Jeder dieser Teile tut zuverlässig seine Arbeit, selbst wenn dabei ein lästiges Symptom entsteht. Infolge eines Modetrends erleben wir heute vermehrt sogenannte multiple Persönlichkeiten, was wohl eher einer Perversion des Denkens in diesem Modell gleichkommt.

Die hypnotherapeutische Arbeit Milton Ericksons ist die Grundlage dieses Reframings. Im NLP trennen wir die Teile unseres unbewußten Erlebens vom bewußten, verstandesmäßigen Denken. Warum ist diese Trennung wichtig? Der menschliche Verstand funktioniert wunderbar, ist aber beschränkt. Er ist der Spezialist für lineares und zielgerichtetes Denken. Er braucht logische Informationen, die er so verarbeitet, daß daraus ein Sinn entsteht. Sind zuwenig oder verzerrte Informationen da, wird, wie in einem totalitären Staat, das Datengemenge so verändert, daß es zum gewünschten Ergebnis paßt und zumindest sinnvoll erscheint. Durch die Notwendigkeit, Sinneseindrücke zu filtern (Tilgung, Generalisierung, Verzerrung) entgehen unserem Verstand Informationen, die anderen Teilen unseres Gehirns längst bekannt sind. Sie erinnern sich an die riesige Anzahl synaptischer Verbindungen und können sich vorstellen, welche Datenmengen dort in einem Menschenleben gespeichert werden. Wenn wir mit unserem Verstand nach Lösungen suchen, läßt sich das mit dem Besuch eines Museums vergleichen, bei dem der Besucher mit einer Stablampe im Dunkeln nach einem ganz bestimmten Exponat sucht. Deshalb ist es wichtig, daß Sie im Vorgespräch Zeit darauf verwenden, eine bewußte Trennung von Verstand bzw. Wachbewußtsein und dem Unbewußten mit all seinen Anteilen zu etablieren. Davon läßt sich dann ein **Teil** als Verursacher des problematischen Verhaltens oder der psychosomatischen Erkrankung festlegen. Das erscheint sehr konstruiert und verwirrend. Wenn die innere Logik klargeworden ist, funktioniert es sehr gut.

In diesem ersten Schritt könnten Sie z.B. sagen: *»...also, da gibt es einen Teil in Ihrem Unterbewußtsein, der sehr zuverlässig* *zu bestimmten Zeiten diese lästigen Kopfschmerzen entstehen läßt. Sie haben schon viel versucht, haben Ihren Verstand angestrengt, um das auf die Reihe zu kriegen. Aber irgendwie hat das bis jetzt nicht geklappt...!*« Hier gibt es anfänglich die größten Schwierigkeiten. Meist ist es für den Anwender schwierig, diese Voranahmen auch für sich selbst zu akzeptieren. In unserer westlichen Gesellschaft, die sehr auf Vernunft und lineares Verstandesdenken ausgerichtet ist, ist es zunächst wenig akzeptabel, unseren Verstand so sehr zu relativieren, wie es dieses Modell verlangt. Trotzdem ist genau dieses Vorgehen die Grundlage für einen veränderten Bewußtseinszustand, der überhaupt erst neue Lösungen erlaubt.

Vielleicht haben Sie beim Lesen schon einen Bezug zu sich selbst hergestellt. Jeder von uns hat Verhaltensweisen oder Gewohnheiten, die seit Jahren jedem Versuch der Veränderung hartnäckig trotzen. Man könnte tatsächlich meinen, da sei ein Teil aktiv, der autark, selbständig und unserem Willen nicht zugänglich ist. Genau davon gehen wir bei dieser Arbeit aus. Allerdings unterstellen wir jedem dieser Teile eine gute Absicht für den Gesamtorganismus.

Wenn Sie mit Ihrem Patienten diesen Schritt durchführen, schaffen Sie einen neuen Rahmen in bezug auf seine Selbstwahrnehmung. Der **zweite** Schritt geht noch weiter, indem er eine weitere Trennung einführt. Sie trennen nämlich das, was dieser Teil tut und verursacht, von der dahinterstehenden Absicht. Es kann sein, daß Ihnen der Gedanke absurd erscheint, daß den Kopfschmerzen, die der Patient beklagt, eine gute Absicht zugrunde liegen könnte. Weniger absurd ist es, davon auszugehen, daß unser ganzer Organismus so gebaut ist, daß er unter widrigsten Umständen überleben kann. Alles, was in unserem Körper und unserem Gehirn geschieht, dient primär dem Überleben. Der medizinische Alltag konfrontiert den Arzt mit mannigfaltigen »Fehlfunktionen« dieses Überlebensmechanismus. Speziell bei psychosomatischen Störungen ist es sinnvoll, nicht von einer Störung auszugehen, sondern eine **gute Absicht**, also einen tieferen Sinn, zu unterstellen. Wie oft haben Sie schon mit Ihren Kindern geschimpft oder sie sogar bestraft, in der guten Absicht, sie vor Gefahren oder unangenehmen Folgen ihres Tuns zu schützen? Wie schmerzlich war der Tadel oder die Ohrfeige Ihres Vaters, wenn Sie etwas taten, das *nicht recht* war oder Sie selbst oder andere Menschen gefährdet hätte? Im Nachhinein gelingt es uns eventuell einzusehen, daß das schmerzliche **Verhalten** Ihres Vaters Ihnen im späteren Leben etliche Schmerzen erspart hat. Gerade wenn dieses Beispiel in Ihnen Widerstände entstehen läßt, ist es von besonderem Gewinn, weiterzulesen und diesen Schritt – ***Trennung von Absicht und Verhalten*** – für sich selbst zu vollziehen. Glauben Sie nichts, was Sie nicht selbst auf seine Brauchbarkeit geprüft haben. Erst wenn Sie diese Gedanken kongruent vermitteln, wird Ihr Patient den vollen Nutzen davon haben.

Sie haben bis jetzt das Modell der Teile etabliert, die Dominanz des Verstandes relativiert und die Absicht vom Verhalten getrennt. Wenn Sie so weit gekommen sind, passiert in der Regel etwas Eigentümliches. Sie können beobachten, wie der Patient z.B. zustimmend ganz leicht mit dem Kopf nickt. Im Gegensatz dazu sagt er dann, daß das doch Unsinn sei, daß seine Kopfschmerzen eine gute Absicht hätten. Diese *Inkongruenz* von Gestik und Wort zeigt, daß der Verstand versucht zu verstehen, was gerade eben passiert, während gleichzeitig der Teil des Unterbewußtseins, den Sie angesprochen haben, schon mitarbeitet. Es ist ein ganz zartes und vorsichtiges Einverständnis auf einer anderen Bewußtseinsebene vorhanden. Zum ersten Mal im Leben dieses Menschen wird dieser Teil seiner Persönlichkeit beachtet und **wertgeschätzt**.

Der nun folgende Schritt dient dazu, dieses erste Einverständnis zu nutzen, um mit dem Teil, der das Symptom verursacht, eine stabilere Verständigung aufzubauen. Die Standardanweisung an den Patienten lautet: *»...wenn das soweit* *klar ist, gehen Sie bitte mit Ihren Gedanken nach innen und fragen Sie den Teil, der Ihre Kopfschmerzen erzeugt: Du, der Teil in mir, der für meine Kopfschmerzen verantwortlich ist, bist du bereit, mit mir im Bewußtsein zu kommunizieren?*« Diese Anweisung klingt eigenartig. Sie wird jedoch erstaunlich prompt ausgeführt. Die Antwort, die der unterbewußte Teil gibt, kann ein Bild, ein Wort, ein Gefühl oder eine Körperbewegung sein. Es passiert sehr häufig, daß sich das Symptom verstärkt. Der Teil meldet sich mit seinem charakteristischen Zeichen. Es kann sein, daß der Patient dies nicht als die erwartete Antwort erkennt. Es ist deshalb wichtig, auf diese Möglichkeit hinzuweisen und dies sofort als Zeichen der Mitarbeit zu werten. Wenn Sie sehr achtsam sind, bemerken Sie vielleicht ein ideomotorisches Nicken des Kopfes oder die Bewegung eines Fingers. Gleichgültig, welches Zeichen kommt, wir sind dankbar für jede Bestätigung, daß ein Kontakt entstanden ist. In dieser Phase lassen Sie es nicht zu, daß der Patient *versagt*.

Um mit den auftauchenden Zeichen oder Symbolen arbeiten zu können, bedarf es einer Festlegung, was JA bzw. NEIN bedeutet. Hierbei gibt es mehrere Möglichkeiten. Wenn ein entsprechendes Wort oder Bild entsteht, ist es relativ einfach. Der Patient muß es Ihnen nur mitteilen. Das Bewegen des Kopfes ist ebenfalls eindeutig. Hebt sich ein Finger, bestätigen

Sie, daß Sie das Signal gesehen haben, und bitten um eine eindeutige Wiederholung, wenn es JA bedeutet, und legen einen anderen Finger fest für ein NEIN. Taucht das Symptom als Signal auf, könnten Sie bestimmen, daß eine Verstärkung JA und eine Abschwächung NEIN bedeutet. Sie sehen, es gibt eine Vielzahl von Möglichkeiten. Es bedarf einer gewissen Übung, alles, was vom Patienten kommt, wahrzunehmen und diese Botschaft des Unterbewußtseins zu bemerken. Es gelingt nur, wenn Sie mit Ihren Sinnen völlig auf den Patienten konzentriert und mit ihm im Rapport sind. Hier gibt es keinerlei Manipulation. Sie als Therapeut interessieren sich in diesem Rahmen weder für den Inhalt des Problems noch für den Inhalt der Lösung, Sie interpretieren nicht, geben keine guten Ratschläge und bewerten nicht. Sie sind lediglich *präsent* und leiten Ihren Patienten durch seinen eigenen Prozeß.

Vielleicht haben Sie inzwischen das erwünschte JA- oder NEIN-Signal bekommen. Wenn ja, bedanken Sie sich dafür, daß die kommunikative Verbindung hergestellt ist. Wenn nein, kann es sein, daß der Patient das Signal verpaßt hat, weil er im Moment z.B. Kopfschmerzen bekommen hat. Das wäre, wie oben schon beschrieben, ein Grund, sich zu freuen, da der angesprochene Teil sich exakt mit seinem »Logo« gemeldet hat. Wenn das geschieht, erlebt der Patient etwas, was ihn meist davon überzeugt, daß an dem, was Sie bisher behauptet haben, etwas dran sein muß. In der Regel ist es ihm nämlich nicht möglich, dieses Signal (Symptom) bewußt zu erzeugen.

Nach meiner Erfahrung gelingt es immer, ein Signal zu bekommen und eine kommunikative Verbindung mit dem Unterbewußtsein zu schaffen. Wenn in dieser Phase Widerstand entsteht, ist Ihre Flexibilität gefordert. Sie haben vielleicht versucht, etwas zu erzwingen, zu deuten oder zu manipulieren. Sie müssen dann wieder den Rapport aufbauen, sich vom Inhalt lösen und sich wieder auf die *Prozeßsprache* (hypnotische Sprache) besinnen. Wenn Sie auf diese Art mit dem Unterbewußten kommunizieren, können Sie nur dann Erfolg erwarten, wenn Sie sich mit ihm verbünden. Kampf oder Veränderung um jeden Preis ist nicht angezeigt.

Der **dritte** Schritt vertieft noch einmal die Annahme, daß hinter dem unangenehmen Symptom eine gute Absicht für das Leben des Patienten verborgen ist. Ich bitte den Patienten gerne darum, dem Teil einen eigenen **Namen** zu geben. Dabei ist es völlig gleichgültig, wie phantasievoll der Name ist oder ob wir uns darauf einigen, ihn Teil X zu nennen. Es verbessert lediglich den Sprachfluß beim Begleiten des Prozesses. Sie fragen also: *»...nachdem Sie sich dafür bedankt haben, daß Ihr Teil X bereit ist, mit Ihnen zu kommunizieren, möchte ich Sie* *bitten, ihn zu fragen: Du, Teil X, bist du bereit, mir im Bewußtsein deine gute Absicht für mein Leben mitzuteilen?...«* Sie haben sicher bemerkt, daß nur nach der Bereitschaft, sich mitzuteilen, gefragt wurde, die gute Absicht wird nicht bezweifelt. Wenn Ihr Patient diese Frage in bezug auf das Symptom stellt, antwortet Teil X häufig mit einem Nein. Auch diese Antwort werten Sie als wichtigen Erfolg. Es wird nur die Bereitschaft zur Mitteilung verneint, nicht die gute Absicht. Teil X ist in diesem Fall offenbar der Ansicht, daß das bewußte Wissen um die Hintergründe vom Bewußtsein noch nicht zu verkraften wäre. Wesentlich ist, daß eine gute Absicht bestätigt wurde und die Arbeit an dem Problem weitergehen kann, ohne daß der Verstand mehr Informationen bekommen muß.

Wenn Teil X bereit ist, die gute Absicht mitzuteilen, können Sie den Patienten dazu anhalten nachzufragen, nachdem er sich bedankt hat. Es erstaunt mich immer wieder, welche verblüffenden Erkenntnisse und verdrängtes oder vergessenes Wissen bewußt werden. An diesem Punkt besteht häufig das Bedürfnis, dem Teil, der das Symptom erzeugt, einen anderen Namen zu geben. Bis hierher hat der Mensch, der bislang seinem Schmerz hilflos ausgeliefert war, eine dramatische Veränderung erlebt. Er konnte einen neuen Standpunkt beziehen, sich mit einem Teil seiner selbst versöhnen und neue

Erkenntnisse gewinnen. Für mich, als begleitenden Arzt, ist es jedesmal ein ganz besonderes Erlebnis, mit dem Unterbewußten eines anderen Menschen auf eine solche Art zusammenarbeiten zu dürfen. Ich gebrauche Unterbewußtsein und Unbewußtes synonym, da es für diesen Prozeß lediglich darum geht, das bewußte Erleben vom unbewußten zu trennen.

Die nächsten drei Schritte dienen der Bereicherung und Veränderung. Veränderung in unserem Sinn nimmt nichts weg, sondern fügt hinzu und erweitert die Wahlmöglichkeiten. Bei dieser Arbeit bin ich immer voller Respekt gegenüber dem Teil X dieses Menschen, der versucht, auf seine Art – mit den Möglichkeiten, die dieses Leben an Erfahrungen bietet – seine Aufgabe zu erfüllen. Ich betone nochmals, wie wichtig es ist, daß dieser Respekt vom Therapeuten absolut kongruent vermittelt wird und daß es nicht Ziel dieser Sitzung ist, Teil X zu vernichten oder ihn so zu verändern, daß er nicht mehr imstande ist, seine Aufgabe zu erfüllen. Das einzige, was ich ihm anbiete, ist die Möglichkeit, zu lernen, seine Arbeit auf neue Art und Weise, besser und eleganter zu tun. Dabei wird er auf jeden Fall weiterhin fähig sein, das Symptom zu erzeugen, wenn es keine andere Option gibt.

Im **vierten** Schritt führen wir einen weiteren Teil ein. Jeder von uns hat einen Anteil, der zuständig ist für *Kreativität,* *neue Wege, Phantasie, sprühende Ideen und das ganze Kaleidoskop der Visionen*. Hier können Sie schon an der Physiologie sehen, wenn dieser Teil präsent ist. Die Körpersprache wird lebhafter, die Atmung rascher und die Hautdurchblutung verstärkt sich. Wenn wir diesen kreativen Teil bitten, sich zu melden, ist er meistens schon zur Stelle. Er steht immer Gewehr bei Fuß und ist kaum zu bremsen, wenn man ihn nur läßt. Allerdings sind seine Ideen nicht immer ganz ausgegoren. Seine Aufgabe ist es, aus den Elementen aller gespeicherten Lebensdaten neue Verbindungen zu schaffen. Die Umsetzbarkeit dieser Ideen zu beurteilen ist nicht seine Aufgabe.

Nachdem Sie diesen Teil begrüßt und ihm für seine Bereitschaft mitzuarbeiten gedankt haben, geben Sie Ihrem Patienten die nun folgende Anweisung: *»...bitten Sie nun Ihren kreativen Teil, dem Sie auch einen eigenen Namen geben können (für unser Beispiel K), daß er sich auf eine ganz besondere Art und Weise mit Teil X treffen soll. Es soll beiden angenehm sein, und Ihr bewußter Verstand muß diese Konferenz nicht mitbekommen. Er kann derweil in Urlaub gehen, sich vergnügen, sich bemühen, das Ganze zu verstehen, oder auch schlafen... Wichtig ist nur, daß X und K ungestört ihre Arbeit tun können. Sie bitten dann Ihren Teil X, daß er Ihrem kreativen K genau erzählt, und zwar in allen Einzelheiten, was er bisher Gutes für diesen Menschen getan* *hat, wenn er x (z.B. Kopfschmerzen) verursachte. Er erzählt ganz genau, welche Schwierigkeiten er bei seiner Arbeit hat und welche gute Absicht ihn leitet. Wenn K alle Informationen hat und genau weiß, worum es geht, tut er seinen Job, d.h., er produziert eine Vielfalt neuer Ideen, Verhaltensmöglichkeiten und Wege. K braucht sich dabei nicht darum zu kümmern, ob sie praktikabel sind. Ihr Teil X sucht sich dann wenigstens drei alternative Verhaltensweisen, Möglichkeiten oder Wege heraus, die ihm zumindest genauso effektiv erscheinen wie das, was er bisher gemacht hat. Wenn Teil X drei neue Möglichkeiten gefunden hat, gibt er uns für jede ein eindeutiges JA-Signal...!*« Diese Anweisung ist im Grunde eine hypnotische Intervention. Ihr Sprechtempo sollte dabei etwas langsamer werden und sich dem Atemrhythmus des Patienten angleichen. Alles, was Sie über Pacen, Leaden, Rapport und hypnotische Sprachmuster gelernt haben, können Sie hier verwenden. Es braucht eine gewisse Zeit, bis das Gehirn gelernt hat, auf diese Art neue Verbindungen herzustellen. So dauert es einige Minuten geduldigen Begleitens, bis Teil X die erste Alternative gefunden hat. Die weiteren Möglichkeiten werden dann rascher entdeckt. Dabei kann das Bewußtsein das Ergebnis dieser Arbeit mitbekommen. Meist sind jedoch die Implikationen so komplex, daß zwar registriert wird, daß etwas Neues geschehen ist, der

Inhalt des Neuen jedoch weiterhin unbewußt bleibt. Diese Art der inneren Kommunikation ist neu und ungewohnt. Es kann auch sein, daß Teil X dem Frieden nicht traut. Er wurde immerhin bis jetzt als Feind betrachtet und im inneren Dialog bekämpft. Es ist deshalb wichtig, daß Sie alles, was vom Patienten kommt, wertschätzen und nicht zulassen, daß die beiden Teile in ihrer Arbeit gestört werden.

Wir bestehen bei NLP-Interventionen, bei denen es um Erweiterung vorhandener Möglichkeiten geht, auf wenigstens drei Alternativen. Das ist wichtig, weil Sie mit einer Alternative wie ein Sklave sind. Haben Sie zwei Möglichkeiten zur Verfügung, geht es Ihnen wie Buridans Esel. Die Wahrscheinlichkeit ist groß, daß Sie sich schwertun, zu entscheiden, welche Möglichkeit die bessere ist. Erst wenn Sie drei oder mehr Handlungsalternativen haben, entsteht das, was wir **Wahlfreiheit** nennen. Teil X hat aus einer Vielzahl neuer Ideen drei Alternativen gewählt, die ihm genauso wirksam zu sein scheinen wie das alte Verhalten. Er hat es Ihnen signalisiert. Sie haben sich dafür bedankt. Das ist ein schönes Ergebnis. Es stellt sich nun die Frage, was genau dieser Mensch, bzw. sein Teil X, mit dieser neu gewonnenen Wahlfreiheit anfängt.

Im **fünften** Schritt leiten Sie Ihren Patienten dahin, daß er fähig wird, die **Verantwortung** für die Erprobung dieser neuen

Möglichkeiten zu übernehmen. Die Standardanleitung hierfür lautet: *»Teil X, ich danke dir für deine Mitarbeit. Bist du bereit, die Verantwortung dafür zu übernehmen, diese ausgewählten Alternativen in der nächsten Zeit auszuprobieren und auf ihre Effektivität hin zu untersuchen?«* Die Betonung liegt hier tatsächlich auf der Verantwortung. Meist kommt hier ein eindeutiges JA. Sollte Teil X nicht bereit sein, die Verantwortung für seine Wahl zu übernehmen, besteht ein Einwand, der ernst genommen werden muß. Dazu gehen Sie einen Schritt zurück und bemühen nochmals den kreativen Teil, die ausgewählten Möglichkeiten so lange zu modifizieren, bis ein kongruentes und körperlich sichtbares Einverständnis erzielt wird. Mit etwas Übung sehen Sie schon, bevor der Patient etwas sagt, ob Sie zum nächsten Schritt übergehen können oder nicht. Wenn Teil X die Verantwortung übernimmt, können Sie noch fragen, wie lange er wohl für dieses Experiment braucht. Die zuerst genannte Zeitangabe ist meist zu kurz oder zu lang gewählt. Sie wird im weiteren Verlauf immer exakter.

Wenn Sie bis hierher gekommen sind, ist die Freude groß, und Sie könnten versucht sein, jetzt aufzuhören. In aller Regel gibt es jedoch innere Einwände gegen das oben getroffene Arrangement. Sie haben bisher nur mit drei künstlich isolierten

Teilen dieses Menschen gearbeitet. Nämlich mit dem Verstand, den Sie anderweitig beschäftigt haben, dem kreativen Teil und dem Teil X, der das Symptom erzeugte. Es ist sehr wahrscheinlich, daß wichtige Aspekte der gesamten Lebenssituation nicht gebührend berücksichtigt wurden. Aus diesem Grund sind alle **Einwände** willkommen. Sie sind das Salz in der Suppe des SIX STEP REFRAMING. Werden diese Einwände nicht beachtet, entsteht neuer innerer Zwist, und Ihr Patient hat einen *inneren Terroristen*, der die Umsetzung des oben Erreichten sabotiert. Sie werden also jeden Einwand begrüßen, dafür danken, daß er sich gemeldet hat, und ihn wie einen neuen Teil behandeln. Sie könnten dann sagen: *»...aha, da ist ein Teil, der einen Einwand hat. Herzlich willkommen.«* Bitten Sie ihn, sich der kreativen Konferenz anzuschließen und Teil X und K genau zu erzählen, welchen Einwand er vorzubringen hat, warum es wichtig ist, daß er gehört wird, was er für eine gute Absicht für diesen Organismus hat und was er bisher für ihn getan hat. Ihr kreativer Teil hört sich alles an, fragt nach, bis er weiß, worum es geht, und erzeugt dann wiederum neue Ideen. Teil X sucht sich dann drei neue oder modifizierte Alternativen aus. Sie lassen Ihren Patienten mit diesem Einwand nochmals die gewohnten Schritte durchgehen, lassen Teil X die Verantwortung übernehmen und fragen nach dem nächsten Einwand. Meist gibt es drei oder vier Einwände, die Sie alle auf die gleiche Art und Weise bearbeiten. Als Zeichen, daß das Gehirn gelernt hat, werden Sie bemerken, daß diese Durchläufe immer weniger Zeit benötigen. Mit jedem berücksichtigten Einwand können Sie sehen, wie Ihr Patient sich verändert. Seine Körperhaltung wird symmetrischer, die Muskulatur wirkt entspannter, und die Atmung ist gleichmäßiger und tiefer. Passend zu dieser sichtbaren Veränderung sagt der Patient, daß er sich irgendwie anders und wohler fühlt.

Zum Schluß bitten Sie sein Unterbewußtsein, in den nächsten Nächten auf diese besondere Art und Weise weiterzuarbeiten, alle Einwände, die noch auftauchen werden, gleichermaßen liebevoll zu würdigen und die Alternativen laufend den Erfordernissen des Lebens anzupassen. Es kann sein, daß Teil X nach einer gewissen Zeit oder durch Veränderung der Lebensumstände sich wieder gezwungen sieht, mit dem alten Symptom zu reagieren. Dann ist die Zeit für ein erneutes Reframing gekommen, das dann wesentlich schneller geht.

Diese Arbeit benötigt das erste Mal 50 bis 90 Minuten. Es ist möglich, das Reframing zu halbieren oder auch nur Teile davon durchzuführen. Ich mache mit meinen Patienten das ganze SIX STEP REFRAMING in einer Sitzung, weil es sich für mich besser anfühlt. Sollten Sie ein schneller visueller Typ sein, könnte es bei Ihnen schneller gehen. Sie sollten dann besonderes Augenmerk auf die Physiologie lenken. Sie haben sicher bemerkt, daß es sich hierbei um eine ausgesprochen hypnotische Arbeit handelt. Der Patient kann dabei die Augen offenhalten oder sie schließen. Es spielt für den Effekt keine Rolle. Er ist die ganze Zeit präsent. Er reagiert auf jede versuchte Manipulation und jeden Übergriff. Er ist in der Lage, Ihnen dies sofort und unmißverständlich rückzumelden. Elemente dieses Modells können in jedes geeignete therapeutische Gespräch einfließen. Sie werden auch damit überraschende Erfolge erzielen können.

Ich möchte auch hierzu einige Einschränkungen anführen. Selbstverständlich kann nur ein Bruchteil Ihres Patientengutes für eine solche Intervention in Frage kommen. Viele Patienten wollen dieses *Psychologisieren* nicht, bei vielen Erkrankungen ist es unnötig oder nicht indiziert. Bei manchen Symptomen werden Sie selbst es nicht einsehen. Limitierend ist sicherlich auch der Zeitbedarf und die Vergütung, die in keinem Verhältnis zum Zeitbedarf steht.

Ich möchte Sie trotzdem anregen, die Vorannahmen und Schritte dieses therapeutischen Modells einmal mit sich selbst zu erleben. Für mich bedeutet es, daß ich keinen Feind oder inneren Schweinehund in mir habe, den ich bekämpfen müßte.

Es gibt nichts in meinem inneren Erleben, wofür ich mich schämen oder wovor ich mich ängstigen müßte. Alle Anteile meiner Persönlichkeit wollen ausschließlich mein Bestes, auch wenn die Art, wie sie ihre Aufgabe erfüllen, mir manches Mal unangenehm sein mag. Die Herausforderung besteht darin, einen respektvollen und liebevollen Dialog zu ermöglichen.

Außerdem wird es leichter, auf Veränderungen der Umwelt flexibler und angemessener zu reagieren. Die durch diese Arbeit induzierten Veränderungen brauchen ihre Zeit, weil dabei die Ökologie der Lebensumstände berücksichtigt wird. Es finden auch Abschiede statt, die notwendig geworden sind. Es kann sein, daß der Betreffende sich aus Beziehungen und Arbeitsbedingungen verabschiedet. Die »Kopfschmerzen« melden sich dann wieder, wenn Bedarf für neue Veränderungen besteht oder das bisher Gelernte für die Lösung einer aktuellen Problemsituation nicht mehr ausreicht.

Zum Abschluß zeige ich Ihnen auf der folgenden Seite eine Übersicht.

Six Step Reframing

1. Identifikation des Problems
1.a Trennung von bewußt und unbewußt
1.b Etablieren des Teile-Modells
1.c Trennung von Absicht und Verhalten
2.a Aufbau einer Kommunikationsebene
2.b Einrichten von eindeutigen Signalen
3. Bestätigung der guten Absicht
4.a Kreative Sitzung
4.b Drei Alternativen
5. Verantwortung übernehmen
6. Einwände berücksichtigen

12

Leute sind wie Teile

Im vorigen Kapitel lernten Sie den Umgang mit *Teilen* einer Persönlichkeit. Wir nahmen an, daß es möglich ist, mit Persönlichkeitsanteilen zu kommunizieren, als ob es *Leute* seien. Die Schritte des SIX STEP REFRAMING sind Anweisungen für eine effektive intrapersonale Kommunikation. Da dieses Buch die *Kommunikation in Weiß* thematisiert, möchte ich dies für den ärztlichen Bereich umdrehen und behaupten, *die Menschen, mit denen wir umgehen, sind wie unsere inneren Teile*. Wir sollten Sie genauso respektvoll behandeln wie uns selbst.

Wir haben mit Menschen unterschiedlichen Alters, Geschlechts, Herkunft und Hautfarbe zu tun. Um mit dieser

Vielzahl unterschiedlicher Menschen effektiv kommunizieren zu können, bedarf es einer großen Flexibilität und vielfältiger Wahlmöglichkeiten. Sie kennen sicher zahlreiche Kommunikationsmodelle, wie z.B. das aktive oder teilnehmende Zuhören, das Harvard-Modell der Verhandlungsführung, das proaktive Modell Coveys oder andere. Alle diese Modelle finden sich in Gesprächen wieder, die auf den Vorannahmen des *sechseckigen Rahmens* gründen. Auf mich selbst als Kommunikator angewandt bedeutet es, daß ich mir selbst einen hohen Selbstwert zugestehe. Zugleich erkenne ich die Qualitäten meines Gesprächspartners an. Ich weiß, daß wir beide über eine Vielzahl von Ressourcen verfügen und daß ihm prinzipiell die gleichen Qualitäten zu eigen sind wie mir selbst. Mit dieser Vorannahme ist es nicht mehr notwendig zu kämpfen, wenn wir unterschiedlicher Meinung sind. Wobei der Disput und die kämpferische Diskussion als Option erhalten bleiben. Es ist möglich, nach guten Absichten hinter unverständlichen Verhaltensweisen zu suchen und sich auf einer anderen Gesprächsebene zu einigen oder auch nicht. Es wird leichter, respektvoll widersprüchliche Daten auszutauschen, vor sich hinzulegen und synergetische Effekte zu entdecken. Aus einer solchen Position heraus haben wir rascheren Zugang zu kreativen Lösungen und schaffen eine größere Wahlfreiheit. Das

Ergebnis dieser Art von Kommunikation wird immer frischer und lohnender sein als Gespräche, bei denen es darum geht, daß einer gewinnt und der andere verliert. Sollte eine Einigung nicht möglich sein, ist es leichter möglich, die Verhandlung abzubrechen, ohne einen Verlust an Selbstwert zu erleiden.

Manchmal scheint eine Einigung unmöglich zu sein, weil gravierende Einwände im Raum stehen. Mit dem obigen Modell ist es leichter, diese Einwände willkommen zu heißen und als wichtigen Beitrag zu werten. Das ist nur möglich, wenn ich einen Einwand oder Widerspruch nicht als persönlichen Angriff annehme, sondern nach der guten Absicht dahinter suchen kann. So gesehen, wird (fast) jede Störung zum Gewinn. Ich kann dann gemeinsam mit meinem Gesprächspartner (Patient, Mitarbeiter etc.) das Verhandlungsergebnis modifizieren, zusätzliche Notwendigkeiten berücksichtigen und drei oder mehr Alternativen erwägen. Wenn dann noch jeder die Verantwortung für seinen Part übernimmt, entsteht daraus eine ideale Verhandlungskonstellation.

Auch wenn dies sehr idealistisch klingt, ist es doch ein knallhartes Modell für jede Art von Kommunikation. Es gibt dabei keinen Verlierer. Beide Teilnehmer gewinnen selbst dann, wenn ein Kompromiß ausgehandelt oder keine Einigung erzielt wird. Das Selbstwertgefühl aller Beteiligten bleibt auf einem hohen Niveau. Die eingesetzte Energie ist ergebnisorientiert und dient der Problemlösung, nicht dem Machtkampf. Selbst wenn der Gesprächspartner andere Ziele verfolgt oder die üblichen manipulativen Spiele versucht, bin ich in der besseren Position.

Eine momentane Erschöpfung, Übermüdung, die Notwendigkeit, um jeden Preis ein Ergebnis erzwingen zu müssen, oder ein niedriges Selbstwertgefühl sind die größten Gefahren. Dann hilft eine Entspannungspause, die Aktivierung einer verankerten Ressource (*Moment of Excellence*), körperliche Aktivität oder die Verlegung des Termins. Ich habe dann die Freiheit, mein Selbstwertgefühl wieder auf das Niveau anzuheben, das es mir erlaubt, meinem Gesprächspartner gleichberechtigt zu begegnen.

Als ***Übung der Woche*** könnten Sie versuchen, diese Anregungen in die Tat umzusetzen. Vielleicht wenden Sie das zugrundeliegende Modell auf die Kommunikation mit Ihren Helferinnen oder Mitarbeitern an. Oder Sie versuchen, auf eine solche Art mit Ihrem Sohn oder Ihrer Tochter zu kommunizieren. Ich bin neugierig auf Ihre Erlebnisse.

13

Der Patient sagt, wie es ist

Arbeit mit Submodalitäten

Sie kennen inzwischen die Sinnesmodalitäten V, A, K, O und G. Ihre Bedeutung für die innere Verarbeitung dessen, was wir Realität nennen, und für die Kommunikation habe ich schon beschrieben. Bei jeder Modalität gibt es eine Fülle von Submodalitäten. Dieses Wissen wurde bislang vorwiegend von Filmemachern, Werbespezialisten und Designern verwendet. In jedem Film können Sie erleben, wie durch die Bild- und Tongestaltung Ihre Gefühle beeinflußt und verändert werden. Im Film wird z.B. eine Rückblende in die Vergangenheit dadurch glaubhaft, daß das Bild seine Farbe verliert. Eine Stimmung wird romantischer, wenn ein Schleier über dem Bild zu liegen scheint. Töne und Geräusche bzw. der Soundtrack werden so arrangiert, daß im Zuschauer ein Eindruck von Dramatik, Spannung oder heiler Welt entsteht. Auch Schriftstellern gelingt es mit Verwendung solcher Submodalitäten, im Leser eine fiktive Welt zu erzeugen. Weder in der normalen Kommunikation noch im therapeutischen Gespräch wurde davon bewußt Gebrauch gemacht. Erst mit der Weiterentwicklung des NLP wurde entdeckt, daß unser Gehirn nicht nur **alle** Erinnerungen submodal speichert, sondern daß auch alle unsere Wertvorstellungen, Verhaltenskriterien, Glaubenssätze, Handlungsstrategien und unser Wissen um Vergangenheit, Gegenwart und Zukunft **so** kodiert sind. Wenn der Therapeut darauf achtet, wie der Patient sein Problem schildert, bekommt er nicht nur inhaltliche Informationen, sondern vielmehr mitgeteilt, auf welche Art der Patient dieses Problem innerlich repräsentiert. Aus diesem Wissen heraus ist es möglich, maßgeschneiderte Interventionen zu entwickeln.

Sie werden gleich einmal erleben, **wie** Sie eine Erinnerung gespeichert haben. Ich bitte Sie, sich an eine angenehme Situation zu erinnern. Wenn Sie eine ausgewählt haben, achten Sie bitte darauf, welche Modalität zuerst erscheint. Ist es ein

Gefühl, ein Bild, ein Geruch, eine Beschreibung oder ein Geräusch? Der Geschmack scheint dabei eine untergeordnete Rolle zu spielen, während bestimmte Gerüche komplexe Erinnerungen hervorrufen können.

Nehmen wir an, es erscheint zuerst eine bildhafte Erinnerung. Dann interessiert uns, wenn wir auf die Suche nach Submodalitäten gehen, ob dieses Bild einen Rahmen hat oder panoramisch um Sie herum angeordnet ist, ob es farbig oder schwarzweiß ist, ob es ein Film oder ein Standbild ist, ob Sie sich selbst darin sehen oder so, als ob Sie die Szene durch das Objektiv einer Kamera betrachten. Weitere Submodalitäten sind die Helligkeit des Bildes, die Entfernung von Ihnen und die Perspektiven.

Wenn Sie das Erinnerungsbild auf diese Art beschrieben haben, achten Sie auf die Geräusche. Es kann sein, daß Sie Musik hören, Klänge oder Stimmen und nun festlegen, ob das laut oder leise ist, ob die Geräuschquelle nah oder fern ist, welchen Rhythmus es gibt und aus welcher Richtung des Raumes diese auditive Erinnerung kommt.

Dasselbe machen Sie mit dem Körpergefühl, wobei Sie beachten, ob es warm oder kalt, mit oder ohne Wind, schmerzhaft, sanft oder fest, gespannt oder entspannt dort ist. Das gleiche machen Sie dann mit den Gerüchen und den Geschmacksqualitäten. Sie kümmern sich bei dieser Übung weniger um den Inhalt der Erinnerung als vielmehr um die Qualitäten der Bildgestaltung und der Tonspur. Im therapeutischen Kontext sind diese beiden Elemente für die Veränderungsarbeit am bedeutsamsten. Diese kurze Übung ruft eine komplette Erinnerung hervor. Es sind alle Sinnesqualitäten mit ihren jeweiligen Submodalitäten repräsentiert.

Neuere Untersuchungen haben anhand von sogenannten Brainmaps gezeigt, daß die um 1970 und später geborene Generation andere innere Verarbeitungsmuster für bildhafte Eindrücke entwickelt hat, als das bei den Älteren der Fall ist. Das betrifft anscheinend vorwiegend die Zivilisationen, deren Kinder unter einer Flut von Bildern aufwachsen. Diese Untersuchung belegt die Plastizität des Gehirns, das sich veränderten Umweltbedingungen sehr rasch anpassen kann. Es scheint so zu sein, daß diese jugendlichen Gehirne sich weniger mit dem Inhalt und einer ethischen Bewertung abmühen, als vorwiegend visuelle Submodalitäten und Soundeffekte zu bewerten. Das bedeutet wiederum, daß die angebotenen Bilder bunter und bewegter werden müssen, um eine innere Reaktion im Sinne eines Gefühlseindrucks hervorzurufen. Diese Aussage trifft auch auf die Verarbeitung auditiver Eindrücke zu. Wenn man weiß, wie Bilder und Worte menschliche Gehirne beeinflussen, hilft dieses Wissen vielleicht, sehr viel verantwortungsvoller mit Bildern und Texten in TV und Presse umzugehen, als dies bisher geschieht. Unter diesem Aspekt formen unsere Medien Werte und Verhaltensweisen. Es ist mir zunehmend unverständlich, weshalb das immer noch verharmlost wird. Es gibt inzwischen zwar eine Innovationsfolgeforschung, aber noch keine Krimi- oder Nachrichtenfolgeforschung.

Auch im interkulturellen Bereich wird manches klarer, wenn man z.B. die Ausrichtung der Schrift mit den Denkgewohnheiten einer Kultur in Einklang bringt. Im christlichen Abendland schreiben wir von links nach rechts, was üblicherweise bedeutet, daß die Vergangenheit eher links und die Zukunft rechts dargestellt wird. Das betrifft alle Piktogramme z.B. auf Flughäfen. Auch in der Werbung wird so verfahren. Bildfolgen gehen von links nach rechts. Eine Waschmittelwerbung zeigt links die schmutzige Wäsche, in der Mitte die Waschmaschine mit dem Waschmittel und rechts davon die strahlende Hausfrau mit der blendend weißen Wäsche. Für uns ist diese Anordnung selbstverständlich. In arabischen Ländern wäre eine solche Werbung ein Flop, weil es einer dortigen Hausfrau nicht so vorkäme, als würde sie ihre saubere Wäsche mit dem Waschmittel verschmutzen. Eine Kultur, die von rechts nach links schreibt, könnte die Aussage des Werbeplakates nur so interpretieren. Dieses Beispiel beschreibt eine Submodalität der Schrift und gleichzeitig die dadurch kodierte Denkstruktur. Kleine Ursache, große Wirkung.

Wir bewundern die Konsensfähigkeit der Japaner. Dabei rührt diese vorwiegend daher, daß es in der japanischen Schrift zunächst keine festen und eindeutigen Begriffe gab. Es war deshalb jedes Mal aufs neue notwendig, sich über die Bedeutung eines Schriftzeichens in bezug auf den momentanen Kontext zu einigen.

Im ärztlichen Gespräch ist es wichtig, die Botschaft in der richtigen Reihenfolge zu präsentieren. Schon Eugen Roth wußte das. Er schrieb in einem Gedicht:

Höchst ratsam ist die mitleidlose
und äußerst düstre Diagnose,
die nie des Doktors Ruf verdirbt:
Gesetzt den Fall, der Kranke stirbt
- am Schrecken gar, ihm eingejagt -
heißt's: Ja, der Arzt hats gleich gesagt!
Jedoch, wenn er ihn retten kann,
dann steht er da als Wundermann.

Für die Reihenfolge gilt in unserem Sprachraum in der Regel das obige Muster. Noch effektiver können Sie jedoch sein, wenn Sie wissen, wie Ihr Patient innerlich kodiert und wie seine Entscheidungsstrategien sind. Sie können dann das, was Sie vermitteln wollen, mit den richtigen Submodalitäten und in der adäquaten Abfolge darbieten.

Aus dieser Erkenntnis heraus wurde der **Swish** entwickelt, der sich z.B. in der Raucherentwöhnung oder zum Erlernen neuer Verhaltensmuster verwenden läßt. Nehmen wir das Beispiel der Raucherentwöhnung. Wenn Sie sich vorstellen, daß ein durchschnittlicher Raucher, der 20 Zigaretten täglich raucht und fünfmal an jeder Zigarette zieht, ca. hundertmal die gleiche stereotype Bewegung macht, können Sie ermessen, wie mächtig allein dieses eingeschliffene Bewegungsmuster ist.

Ich setze voraus, daß der sekundäre Gewinn des Rauchens angesprochen wurde und der bisherige Raucher tatsächlich *Klaratmer* werden möchte. Unter dieser Voraussetzung ist ein Swish möglich. Die Vorannahme dabei ist, daß unser Gehirn **sehr schnell lernt** und das Gelernte auch umsetzt, wenn es in der richtigen Reihenfolge und mit wirksamen Submodalitäten angeboten wird. Ausgangspunkt ist das unerwünschte Verhalten. Sie beschränken sich dabei nur auf die **visuelle** Modalität.

Der Patient soll sich ein Bild machen, in dem er sieht, wie seine Hand die Zigarette greift und sie zum Mund führt. Dieses Bild, das aussieht, als würde er diese Bewegung selbst filmen, nennen wir ***assoziiert***. Dieser erste Schritt ist wichtig! Das unerwünschte Verhalten muß assoziiert dargestellt werden!

Danach entwickeln Sie ein Zielbild, das ein erstrebenswertes Verhalten oder eine erstrebte Fähigkeit zeigt. Dieses Bild kann z.B. zeigen, was er anstelle des Rauchens tut bzw. in der Situation, in der er bisher geraucht hat. Diese Alternative sollte zumindest genauso gut sein wie das bisherige Verhalten. Wenn dieses Ziel attraktiv genug ist, gestalten Sie mit ihm zusammen ein ***dissoziiertes*** Bild. Dissoziiert heißt, daß er selbst Bestandteil des Bildes ist, so, als ob ein anderer ihn gefilmt hat. Warum ist das wichtig? Ein assoziiertes Bild signalisiert dem Gehirn, daß ein Zustand oder Ziel erreicht ist. Dissoziiert bedeutet, daß es sich um eine Option handelt und das Ziel noch nicht erreicht ist. Es entsteht ein Spannungsbogen, der das Gehirn einlädt, in Richtung auf das Ziel hinzuarbeiten. Achten Sie bei der Zielgestaltung auf die Physiologie und die Ökologie, so wie Sie es im 8. Kapitel geübt haben.

Wenn Sie diese beiden Bilder erarbeitet haben, können Sie dem Gehirn des Patienten die neue Strategie beibringen. Üblicherweise sind nahe, große und helle Bilder für uns eindrucksvoller und anziehender als kleine, dunkle und ferne Bilder. Deshalb führen Sie Ihren Patienten durch folgende Prozedur. Er macht sich zuerst ein großes, helles Bild, in dem er assoziiert ist und raucht. In die Mitte plaziert er das Bild des erwünschten Verhaltens klein und dunkel. Danach vertauscht er beide Bilder so schnell, wie sie *Swish* sagen können. Er läßt also sehr schnell das assoziierte Bild schrumpfen und ganz klein und dunkel werden. Gleichzeitig läßt er das dissoziierte Bild groß, hell und nah werden. Diese Übung entspricht einem Lernprozeß. Sie sollte deshalb fünfmal wiederholt werden, wobei Sie besonderen Wert darauf legen sollten, zwischen den Wiederholungen eine kurze Pause einzulegen, um immer die gleiche Richtung von assoziiert nach dissoziiert einhalten zu können. Außerdem ist es wichtig, daß der Bildwechsel wirklich schnell erfolgt. Der oben beschriebene Veränderungsprozeß erscheint künstlich und willkürlich. Wenn Sie es einige Male versucht haben, werden Sie sehen, wie effektiv er ist.

Sind Ihnen die neurophysiologischen Abläufe einmal vertraut, achten Sie auch in normalen Gesprächssituationen auf die Reihenfolge und die Submodalitäten. Unsere Patienten beschreiben oft sehr genau, wie es in Ihnen ausschaut, wenn wir die Aussage nur wörtlich genug nehmen. Ein Patient sagte beispielsweise, nachdem ihn seine Frau verlassen hatte: »Ich komme einfach nicht zur Ruhe. Meine Gedanken drehen sich im Kreise, und meine Frau steht in der Mitte. Es ist wie ein Karussell.« Ähnliche Beschreibungen erhalten Sie, wenn Sie Schlafstörungen oder Angstträume hinterfragen. Auch bei rein körperlichen Beschwerdeschilderungen erhalten Sie sehr detaillierte Informationen über organische Vorgänge und Fehlfunktionen. Wenn Sie neugierig sind und z.B. dem inneren Dialog Ihrer Patienten nachspüren, kann es sein, daß Ihnen erzählt wird, mit welcher Stimme und Lautstärke, von welcher Seite und Entfernung sich die kritische Stimme äußert, die diesen Menschen immer wieder ausschimpft. Hier sind kleine submodale Veränderungen sehr hilfreich.

Nach einem Autounfall erlitt eine Patientin ein HWS-Schleudertrauma. Der Unfall war nur durch eine rasche Reaktion ihrerseits ohne fatale Folgen geblieben. Das Auto war schrottreif. Ich dachte, daß ein Integrieren von Ankern bei ihr ausreichen würde, um den Unfallschock zu beheben und ihre Rehabilitation zu beschleunigen. Das war auch in der Tat erfolgreich. Sie wurde jedoch jede Nacht von einem Traum gequält, bei dem das andere Unfallfahrzeug auf sie zuraste. Ich erfragte die Submodalitäten des Traumes. Es stellte sich heraus, daß sich das Gehirn im Traum abmühte, die Farbe des gegnerischen Fahrzeuges zu erinnern. Als das klar war, suchte sie die Versicherung auf und ließ sich die Bilder des Autos zeigen. Als sie die Farbe wieder ihrer Erinnerung hinzufügen konnte, waren die Träume schlagartig vorbei.

Ohne Ihr verständnisvolles Interesse wird kaum ein Patient über innere Bilder oder Stimmen berichten. Sie sollten entweder ganz selbstverständlich danach fragen können oder einige seltsame Fragen ankündigen. Es ist inzwischen bekannt, daß bei einer erfolgreichen Psychotherapie, Phobiebehandlung, Verarbeitung von Traumata und Mißbrauchserlebnissen spontane Veränderungen der submodalen Kodierungen stattfinden, ohne daß damit bewußt gearbeitet wurde. Sie erinnern sich sicher daran, daß die Modelle für die Entwicklung des NLP besonders effektive Psychotherapeuten waren.

Wenn Sie neugierig geworden sind, möchte ich Sie bitten, in Ihrem täglichen Gespräch auf die Suche nach Submodalitäten zu gehen. Achten Sie darauf, ob Ihr Patient mehr bildhafte Ausdrücke verwendet und z.B. Angst vor einer düsteren Zukunft hat, ob er sich selbst darin sieht oder diese Zukunft schon erlebt. Andererseits könnte es sein, daß ein innerer Kritiker ihn mit schriller Stimme zurechtweist oder ihm die Vergangenheit wie ein Klotz am Bein hängt. Wenn Sie dann gezielt nachfragen, werden Sie erstaunt sein, wie detailliert

Ihnen Ihr Patient sein inneres Erleben und seine Strategien schildert. Sie sollten jedoch noch keine Veränderungen vornehmen, sondern nur einmal Daten sammeln und vielleicht einmal einen Swish erproben.

14

Placebo oder Nocebo

Was mir nützt und was mir schadet

»Naturheilmittel sind gut, allopathische Medikamente sind schlecht. Was der Heilpraktiker tut, ist besser und unschädlicher als das, was der Arzt tut. Die Apparatemedizin verlängert nur das Leben, nicht aber seine Qualität. Homöopathie hilft, wo die Schulmedizin versagt. Homöopathie ist Mist. Heilpraktiker sind Scharlatane. Ärzte wollen sich nur bereichern. Ärzte operieren viel zu schnell. Dieses Medikament ist ganz schlecht, es steht auf dem Beipackzettel.«

Solche Behauptungen hören und lesen Sie jeden Tag. Mit Ihrem bisher erworbenen neurolinguistischen Wissen haben

Sie bemerkt, daß dabei bestimmte linguistische Muster verwendet werden. Wenn es Ihnen lohnend erscheint, können Sie mit den Fragen des Metamodells sehr rasch für eine Klärung sorgen. Meist steht dahinter eine spezifische Erfahrung, die erfragt werden kann. Oft hat sich daraus ein spezieller, meist einschränkender Glaubenssatz entwickelt. Beginnen Sie eine Diskussion über den Inhalt der Aussage, geht es dann nur noch darum, wer recht hat, und längst nicht mehr um die Sache. Wenn Sie in einen solchen Schlagabtausch einsteigen, lohnt sich das Engagement nur, wenn Ihnen Ihr Standpunkt und Ihre Botschaft so wichtig sind, daß Sie sich gezwungen sehen, den anderen zu überzeugen. Die Wahrscheinlichkeit ist groß, daß dies nicht gelingt.

Im NLP erforschen wir Glaubenssätze und Handlungskriterien, um Einschränkungen aufzulösen und erweiterte Wahlmöglichkeiten zu schaffen. Es ist hochinteressant, bei sich selbst zu beginnen. Wenn Sie die obigen Behauptungen als Beispiel nehmen, können Sie sich z.B. fragen: Welchen Gewinn habe ich, wenn ich recht bekomme? *Welchen Gewinn hat der andere, wenn er recht behält? Warum ist es für ihn / für mich wichtig, diesen Glaubenssatz zu haben?* Mit diesen Fragen sind Sie bei den sogenannten Beliefs, die unsere Handlungen leiten. Glaubenssätze, Werte und Kriterien bestimmen, was wir in bestimmten Kontexten tun und warum es für uns wichtig ist, es zu tun.

Angewandt auf Ihren Beruf möchte ich Sie bitten, sich zu fragen, was Ihnen daran wichtig ist, was Sie motiviert und was auf jeden Fall gegeben sein muß, damit es für Sie stimmt. Wenn Sie diese Aufgabe schriftlich erledigen, bekommen Sie eine Liste Ihrer Kriterien: z.B. *Helfen, Wertschätzung, Freude an der Arbeit, Selbständigkeit, soziale Anerkennung, Geld verdienen...!* Es handelt sich dabei um Nominalisierungen. Sie haben inzwischen eine Liste von einigen wichtigen Kriterien erstellt. Nun bitte ich Sie, die Prioritäten festzulegen. Dazu ist es sinnvoll, zunächst einmal für sich selbst zu klären, was es für Sie genau bedeutet, beispielsweise Wertschätzung zu erfahren. Woran merken Sie, daß Sie geschätzt werden? Was geschieht mit Ihnen, wenn Ihnen diese Wertschätzung versagt wird? Allein diese linguistische und semantische Klärung wird Sie überraschen. Der nächste Schritt, nämlich diese Kriterien nach ihrer Wichtigkeit zu ordnen, ist noch überraschender. Sie haben dann, schwarz auf weiß, eine ganz klare Aufstellung der Dinge, die in bezug auf Ihren Beruf gegeben sein müssen.

Bis dahin unterscheidet sich der Umgang mit Glaubenssätzen nicht von den Anweisungen in einer Vielzahl von Seminaren und Büchern zum Thema Selbst-, Zeit- oder Erfolgsmanagement. Der neurolinguistische Ansatz geht weiter. Sie kennen inzwischen Submodalitäten, und Sie wissen, daß unser Gehirn durch Worte und deren submodales Erscheinungsbild kodiert wird. Diese submodale Kodierung können wir uns bewußtmachen. Danach ist es möglich, notwendige Veränderungen auf dieser Ebene vorzunehmen. Diese Veränderungen sollten respektvoll und mit der gebotenen Vorsicht erfolgen.

Bezüglich des obigen Beispiels könnten Sie erforschen, **wie** Sie »Wertschätzung« in Ihrem inneren Erleben gespeichert haben. Denken Sie bitte an den gewählten Glaubenssatz und achten Sie darauf, welches Bild dazu entsteht. Es kann auch sein, daß zuerst ein Gefühl oder ein Satz entsteht. Für unseren Zweck eignet sich die visuelle Modalität besser, da sie mehr submodale Komponenten bietet, mit denen sich leichter und schneller arbeiten läßt. Sollten Sie keine inneren Bilder bewußt erzeugen können, **tun Sie einfach so als ob**: *Welches Bild würde jetzt entstehen, wenn ich es sehen könnte?* Nachdem Sie Ihren *Glaubenssatz* in seiner submodalen, visuellen Struktur dargestellt haben, achten Sie darauf, wo im Raum sich das Bild befindet und wie es aufgebaut ist. Sie können dann anfangen, mit den einzelnen Elementen zu spielen, indem Sie z.B. die Entfernung verändern und dabei auf Ihr Gefühl bezüglich der Veränderung achten. Dann machen Sie Veränderung wieder rückgängig und vergrößern oder verkleinern das Bild. Wieder achten Sie darauf, was sich mit Ihrem Gefühl dazu verändert. Danach stellen Sie den alten Zustand wieder her. Auf diese Art und Weise gehen Sie verschiedene visuelle Submodalitäten durch. Sie werden sehr genau spüren, mit welche Veränderung Sie sich besser bzw. schlechter fühlen.

Klären Sie auf diese Art Ihre fünf Hauptkriterien. Vielleicht fällt Ihnen dabei schon auf, wo es Interferenzen, Überlagerungen, Blockaden oder auch Verstärker gibt. Auf jeden Fall werden Sie es bemerken, wenn Sie alle fünf Begriffe, die für Sie so wichtig sind, *gleichzeitig* in Ihrem *virtuellen Raum* darstellen. Es kann dann passieren, daß sich eine Veränderung von Farbe, Anordnung, Größe, Helligkeit und Distanz aufdrängt. Wenn diese Veränderung gefühlsmäßig stimmt, führen Sie sie durch und behalten Sie sich das Recht vor, sie auch wieder rückgängig zu machen. Die abschließende Frage lautet: »Welche Veränderung ergibt sich in der Zukunft, wenn meine Werte, Kriterien bzw. Glaubenssätze so angeordnet sind?«

Vielleicht sind Sie jetzt verwirrt, ablehnend oder neugierig. Ähnlich erging es mir, als ich zum ersten Mal diese Art von Arbeit bei mir selbst und dann auch mit Patienten durchführte. Ich möchte Sie deshalb bitten, daß Sie sich zunächst nur auf das spielerische Erforschen Ihrer Glaubenssätze beschränken. Alle haben ihren Sinn und waren bisher in Ihrem Leben notwendig und mehr oder weniger förderlich. Es bringt schon Gewinn, für sich selbst eine solche Begriffsklärung zu betreiben. Noch bedeutsamer ist es, wenn Sie diese Klärung gemeinsam mit Ihrem Lebensgefährten machen und sich dann darüber austauschen, was jeder unter z.B. Wertschätzung, Liebe, Partnerschaft etc. versteht. Sollte sich daraus ein Veränderungsbedarf ergeben, gehen Sie dabei bitte nur so weit, wie es sich gut anfühlt und keine Einwände entgegenstehen. Solche Veränderungen Ihrer inneren Struktur sollten Sie nur unter entsprechender Anleitung oder mit etwas Übung durchführen. Im übrigen sorgt Ihr Unterbewußtsein dafür, daß nichts geschieht, was sich nicht mit Ihrem momentanen Leben vereinbaren läßt.

Was hat das alles mit Placebos bzw. Nocebos zu tun? Placebo heißt: Ich werde gefallen. Es handelte sich dabei früher um ein Medikament ohne wirksame Substanz. Der Arzt setzte es ganz bewußt ein, wobei er mit einer entsprechenden Suggestion im Patienten den Glauben an die Wirksamkeit des Medikamentes erzeugte. Heute werden Placebos nur noch in der pharmakologischen Forschung verwendet, wobei es sich im Rahmen eines sogenannten Doppelblindversuches um ein Scheinmedikament handelt. Dabei soll genau der Effekt eliminiert werden, der ursprünglich beabsichtigt war. Besonders bei psychosomatischen Erkrankungen, chronischen Schmerzzuständen, Schlafstörungen, Ängsten und leichteren depressiven Verstimmungen waren Placebos hervorragend geeignet, ohne Nebenwirkungen erstaunliche Wirkungen zu erzielen. Diese Möglichkeit hat uns der Gesetzgeber in falsch verstandenem Verbraucherschutz genommen. Dafür hat er uns mit Hilfe des Beipackzettels Nocebos beschert.

Nocebo heißt: *Ich werde schaden!* Das Arzneimittel hat sich nicht verändert. Wirkung und Nebenwirkungsspektrum ist unverändert. Verändert hat sich die innere Kodierung beim Patienten. In einer Zeit, in der viele Menschen an Tuberkulose, Kinderlähmung, Lungenentzündung oder Mangelernährung starben, war ausschließlich die Wirkung interessant. Nebenwirkungen wurden mit dem Satz »Bös muß Bös vertreiben« in Kauf genommen. Das Arzneimittel war ein echtes Remedium. Heute wird durch die beigelegte Patienteninformation das Heilmittel zum Toxikon. Die sichere Wirkung verblaßt angesichts der möglichen Nebenwirkungen. Wenn Sie Patienten, die große Einwände gegen ein Medikament haben, fragen, welche innere Vorstellung sie von dem Medikament haben, erhalten Sie interessante Informationen. (Vorsicht: Solche Fragen sind so ungewöhnlich, daß Sie es als Experiment deklarieren sollten!) Submodal ist die erwartete Heilwirkung klein, eher dunkel und unscharf, die befürchtete Nebenwirkung riesengroß, nah und scharf. Umgekehrt erscheint Patienten, die der Wirkung des Medikaments vertrauen, dieses groß, hell, scharf und nah.

Eine einfache Möglichkeit, solche submodalen Unterschiede deutlich zu machen, besteht darin, sich ihr Schriftbild vorzustellen. Nehmen Sie an, Sie hätten alle künstlerischen Freiheiten, den Schriftzug eines Wortes darzustellen. Stellen Sie sich jetzt vor, wie Sie innerlich das Wort ARZT schreiben würden. Dann schreiben oder malen Sie es auf ein Blatt Papier. Füllt es das ganze Format aus, ist es hell oder dunkel, farbig oder schwarzweiß, geschwungen oder eckig, mit Rahmen oder ohne, in dünnen oder fetten Lettern, mit oder ohne Verzierungen, streng oder spielerisch, gerade oder schräg?

Dann nehmen Sie ein neues Blatt und schreiben darauf das Wort PATIENT. Sind Sie überrascht? Das nächste Wort auf einem neuen Blatt könnte KOLLEGE, KV, SEEHOFER, HONORAR oder ARZTHELFERIN sein. Ich hoffe, Sie haben dieses Experiment durchgeführt und die Unterschiede entdeckt. Die Veränderungsarbeit könnte darin bestehen, die submodale Kodierung des Wortes zu variieren. Was passiert, wenn Sie ein Wort, das Sie eckig, in großer schwarzer Blockschrift geschrieben haben, geschwungen und farbig schreiben? Wie ändert sich Ihr Gefühl zu dem, was das Wort repräsentiert?

Alle diese Überlegungen und kleinen Übungen gestatten Ihnen, neue Standpunkte einzunehmen, Verhaltensweisen, Aussagen und vielleicht sogar Krankheitsbilder unter anderen Aspekten zu sehen. Sie werden zwangsläufig anders kommunizieren. Sie erfahren über den vermittelten Inhalt hinaus mehr darüber, WIE Ihr Gesprächspartner bzw. Patient denkt. Sie erlangen Kenntnisse über seine Glaubenssätze und das, was ihn dazu bringt, etwas zu tun bzw. es zu lassen. Allein das Wissen darum, daß sein Verhalten (Krankheit, Widerspruch etc.) in seinem Leben einen wichtigen Zweck erfüllt, erlaubt Ihnen, effektiver auf seine Bedürfnisse einzugehen.

Die ***Übung der Woche*** könnte darin bestehen, daß Sie bei Einwänden des Patienten gegen ein verordnetes Medikament nachfragen, was genau ihm Angst bereitet. Und anstatt ihn oder sie zu überzeugen oder zu zwingen, könnten Sie einen Beipackzettel im Raum entstehen lassen und mit den Submodalitäten spielen. Mit bezaubernder Sprache ist es leicht möglich. Dann verändern Sie die submodale Beschreibung so, daß die befürchtete Nebenwirkung kleiner und weniger eindrucksvoll wird und gleichzeitig die sichere und erwünschte Wirkung groß, hell und strahlend. Manipulation? Ja! Zum Wohle unserer Patienten.

15

Umgang mit Kritik

Ein heißes Thema neu betrachtet

Ärzte stehen, wie alle exponierten Berufsgruppen, in unregelmäßigen Zyklen im Kreuzfeuer der Kritik. Damit meine ich die von den Medien im Interesse höherer Verkaufszahlen initiierten Kampagnen gegen Juristen, Politiker, Anwälte, Polizisten, Psychotherapeuten, Ärzte und Heilpraktiker. Erstaunlicherweise kommen Journalisten nicht in den fragwürdigen Genuß solcher Aufmerksamkeit. Damit können wir gut leben. Diese Berichterstattungen greifen in der Regel nicht eine Einzelperson an, sondern nehmen die ganze Berufsgruppe aufs Korn. Angehörige der Heilberufe stehen im Ansehen der Bevölkerung immer noch mit an der ersten Stelle. Zwischen Geburt und Tod liegen alle Entfaltungsmöglichkeiten menschlichen Lebens. Nur noch Polizisten, Feuerwehrleute und Rettungssanitäter sind ähnlich wie Ärzte in ständigem Kontakt mit Menschen in Not und extremen Situationen. Dabei sind wir permanent konfrontiert mit den Grenzen unseres Wissens und Könnens und mit gerechtfertigter und ungerechtfertigter Kritik.

Wenn Ihnen persönlich ein Fehler unterläuft, sind Sie selbst Ihr strengster Kritiker. Diese Selbstkritik immobilisiert und erschöpft. Ich möchte Ihnen in diesem Kapitel Möglichkeiten anbieten, nützlich und effektiv mit Fehlern und Kritik umzugehen. Haben Sie einen Fehler gemacht, ist es wichtig, zunächst für sich selbst zu klären, worin genau der begangene Fehler besteht. Vielleicht war es gar keiner. Dann können Sie entscheiden, ob Sie sich in Zukunft in einer ähnlichen Situation wieder so verhalten wollen oder nicht. Erst wenn Sie wissen, daß die Kritik angemessen war, worin genau der Fehler bestand und daß Sie ihn nicht wiederholen wollen, ist es sinnvoll, folgende Schritte zu durchlaufen.

Sie können inzwischen mit inneren Bildern effektiv umgehen. Stellen Sie sich bitte die Situation, in der Sie einen Fehler begangen haben, **assoziiert** vor. Sie gehen in Ihrer Erinnerung also nochmals in diese Situation hinein, sehen, hören und fühlen, was dort geschah, und stellen sich vor, was geschehen würde und welche unangenehmen Konsequenzen es hätte, diesen Fehler zu wiederholen. Dieser Schritt ist meist recht schmerzlich und von einem wenig förderlichen inneren Kommentar begleitet.

Um einen Nutzen aus der Erinnerung zu haben, ist es im zweiten Schritt notwendig, sich zu **dissoziieren**. Sie lassen einen inneren Film ablaufen, in dem Sie sich selbst sehen können, wie Sie den Fehler begehen. Aus dieser Distanz ist es möglich, mehr Elemente des Geschehens wahrzunehmen. Sie können sehen, wie es dazu kommen konnte, wie die anderen beteiligten Personen agierten und welche Kausalitäten in dem Geschehen wirksam wurden. Aus dieser dissoziierten Position heraus achten Sie auf Ihr Gefühl, wenn Sie sich Ursache und Wirkung in dieser Situation anschauen.

Im dritten Schritt aktivieren Sie Ihren kreativen Teil. Da Sie für sich selbst schon das SIX STEP REFRAMING geübt haben, steht Ihnen dieser Teil sofort zur Verfügung. Sie lassen dann mögliche Alternativen entstehen. Von diesen Möglichkeiten wählen Sie wenigstens drei aus, die Ihnen geeignet erscheinen, in zukünftigen Situationen den Fehler vermeiden zu können.

Im vierten Schritt sind Sie immer noch **dissoziiert**. Sie machen sich wieder einen inneren Film. In diesem Film sehen Sie, wie Sie eine dieser neuen Möglichkeiten in einer zukünftigen Situation anwenden. Sie sind dabei wie ein Filmregisseur, der den Schauspieler die Szene so lange wiederholen läßt, bis er mit dem Ergebnis völlig zufrieden ist.

Im fünften Schritt sind Sie wieder **assoziiert**, das heißt, daß Sie jetzt der Schauspieler in dem Film sind und die Situation wieder ganzheitlich, mit allen Sinnen, erleben. Das wiederholen Sie mit den drei alternativen Möglichkeiten. Jedesmal überprüfen Sie, ob es sich kraftvoll und gut anfühlt. Wenn Zweifel oder Einwände entstehen, müssen Sie so vorgehen, wie Sie es vom Reframing her kennen. Jeder Zweifel und jeder Einwand ist eine wichtige Information, die beachtet sein will, wenn Sie ein optimales Ergebnis erzielen wollen. So werden Fehler zu einer wichtigen positiven Erfahrung.

Wie alle neuen Fertigkeiten bedarf auch diese der Übung. Umgang mit Fehlern ist hilfreich für die Teamarbeit, für Personalbesprechungen und für die eigene individuelle Psychohygiene.

Kritik kommt meist unverhofft und dann, wenn wir unvorbereitet sind. Wir reagieren dann nur noch. Alle kommunikativen Fähigkeiten sind uns abhanden gekommen. Wir gehen entweder in eine Verteidigungsposition oder zum Angriff über. Wenn das Kind ins Wasser gefallen ist und wir mit einem meist schlechten Gefühl wieder zu uns kommen, fragen wir uns, wie das passieren konnte. Es gibt unterschiedliche Strategien, mit Fremdkritik fertigzuwerden. Die Frage ist dabei immer: *Wie gehe ich jetzt mit der Wirkung der Kritik auf mein Selbstwertgefühl um?*

Sie können mit jeder Kritik auf nützliche Weise umgehen, wenn Sie das folgende Schema einüben. Die Schritte sind ähnlich wie bei der Fehlerverarbeitung. Suchen Sie sich eine Situation aus, in der Sie kritisiert wurden und bei der Ihr Selbstwertgefühl auch in der Erinnerung beeinträchtigt ist.

Der erste Schritt besteht auch hier in der Analyse. Analysieren können wir nur mit einem gewissen inneren Abstand, das heißt **dissoziiert**. Man kann sich auf unterschiedliche Art und Weise dissoziieren. Auditiv geht es mit einem inneren Dialog, indem wir mit uns selbst über die Kritik sprechen. Visuell ist es in der Regel einfacher. Sie können sich einfach vorstellen, Sie würden sich selbst in der Szene sehen. Sie können sich auf einer Bühne, auf der Leinwand im Kino oder im Fernseher sehen. Sie können den Abstand vergrößern und bei sehr belastenden Erinnerungen eine Glasscheibe als Trennwand einfügen oder sich im Kino im Vorführraum erleben. Im TV-

Zeitalter ist es vielleicht am elegantesten, sich einen Fernsehapparat vorzustellen, die Fernbedienung in der Hand zu halten und damit die Möglichkeit zu haben, das Bild und den Ton zu verändern.

Wenn Sie sich ausreichend dissoziiert haben, lassen Sie den Film ablaufen, in dem Sie gleich sehen werden, wie Ihr *dissoziiertes* Ich kritisiert wird. Der Akteur in Ihrem Film, Ihr anderes Ich, hat die Fähigkeit, sich zu dissoziieren, während er kritisiert wird. Das bedeutet, daß er mit ausreichendem inneren Abstand den Inhalt der Kritik bewerten kann. Er braucht für diese nüchterne Bewertung mehr Informationen. Schauen Sie zu, wie er sich diese zusätzliche Information verschafft. Dieser Akteur macht sich ein inneres Bild von der Situation, sieht sich selbst in der Position des Kritisierten, geht in die Position des Kritikers und in die Position eines unbeteiligten Beobachters. Wenn er diese drei Positionen durchgespielt hat, weiß er genügend über die konkrete Situation und kann dann entscheiden, wie er am besten auf die Kritik reagieren kann. Zur Sicherheit überlegt er sich noch einige Alternativen. Der Akteur, Ihr dissoziiertes Ich auf dem Bildschirm, entscheidet sich für eine optimale Verhaltensweise. Dann denkt er an eine zukünftige Situation, indem er sich fragt: »Wie werde ich die Information, die in dieser Kritik enthalten ist, für mich in der Zukunft nutzen?« Erst dann darf der Schauspieler auf die nun folgende Kritik optimal reagieren. Sollte das Ergebnis nicht zufriedenstellend sein, lassen Sie Ihr dissoziiertes Ich die gleichen Schritte *(dissoziieren, Informationen sammeln, neu bewerten, Alternativen suchen, künftiges Verhalten durchspielen)* tun.

Es klingt vielleicht sehr umständlich und kompliziert. Für unser Gehirn sind diese Abläufe jedoch ganz leicht und flüssig durchzuführen, wenn die Strategie erst einmal gelernt ist. Wenn Ihr Schauspieler mit den Informationen, seiner Reaktion und seinem zukünftigen Verhalten zufrieden ist, können Sie ihn fragen, ob er sich ganz sicher ist, auch in der Zukunft in solchen Situationen auf die gewünschte Weise reagieren zu können.

Diese dissoziierte Auseinandersetzung mit der Kritik und den wichtigen Informationen, die die Kritik beinhaltet, ist Voraussetzung für den nächsten Schritt. Es geht jetzt darum, das aus der Situation Gelernte zu verinnerlichen, sich damit zu **assoziieren**. Sie haben vielleicht bemerkt, daß die Sequenz von Dissoziation und Assoziation hierbei anders verläuft als beim Swish. Dort ließen wir ein Spannungsgefühl entstehen, indem wir den erwünschten Zustand dissoziiert darstellten. Dieses Mal haben wir im dissoziierten Zustand *zur Probe gelebt* und wollen uns das Ergebnis als gelebte Erfahrung einverleiben.

Es gibt mehrere Möglichkeiten, dies zu erreichen. Sie können ebenso wie vorhin direkt in die Szene auf der Bühne oder in dem Film hineinsteigen und nun mit eigenen Augen und Ohren erleben, wie es sich anfühlt, auf diese neue Art und Weise auf Kritik zu reagieren. Genauso effektiv ist es, den Schauspieler (Ihr dissoziiertes Ich), der dies alles gelernt hat, in beide Hände zu nehmen. Wenn er sich dort befindet, genau in der richtigen Größe, führen Sie beide Hände zu Ihrem Herzen und lassen ihn mit Ihrer Persönlichkeit genauso langsam oder schnell verschmelzen, wie es notwendig ist, um alle sinnesspezifischen (V, A, K, O, G) Anteile der neuen Verhaltensweise zu verinnerlichen. Sie spüren ganz genau, wann dies eingetreten ist.

Es ist wie beim Tanzen. Solange Sie es einfach tun, sieht es elegant aus und wie selbstverständlich. Wenn Sie die einzelnen Schritte üben und darauf achten, alles richtig zu machen und keinen Schritt zu vergessen, wird es holprig. Der obige Ablauf ist ganz natürlich und effektiv. Immer, wenn Sie aus Fehlern oder Kritik etwas gelernt haben und dabei Ihr Selbstwertgefühl erhalten blieb, haben Sie bewußt oder unbewußt eine ähnliche Strategie durchlaufen.

Lange bevor ich wußte, daß es NLP gibt, habe ich schon nützlich auf solche Situationen reagiert. Ich stellte mir den Hergang vor, indem ich Stühle vor mir aufbaute oder mir Gesprächssequenzen so lange innerlich vorstellte, bis ich mit meiner Reaktion zufrieden war. Das ging auch sehr gut in bezug auf Situationen, in denen ich ungerechtfertigte Kritik befürchtete. Meist konnte ich dann mit einer anderen inneren Haltung an angsterzeugende Personen herangehen. Mein Selbstwertgefühl war entsprechend hoch, und ich konnte erwachsen, kongruent und gebührend selbstbewußt agieren.

Vielleicht sind Ihnen ähnliche Strategien bekannt. Entweder machen Sie es schon immer so, oder Sie haben es z.B. bei Silva *(Silva Mind Control)* oder Maltz (Psychokybernetik) gelesen. NLP beschreibt Prozesse, die beim menschlichen Denken, Fühlen und Handeln stattfinden. Mit NLP wird es möglich, nützliche und wirkungsvolle Strategien zu erkennen, zu modellieren, sie anzuwenden und sie als Modell weiterzugeben. In diesem Sinne möchte ich Sie ermutigen, nach Ihren eigenen Modellen zu suchen. Wo sind Sie effektiv, und wie machen Sie das? Vergleichen Sie Ihre eigenen effektiven Verhaltensweisen, Strategien und Glaubenssätze mit den hier beschriebenen Modellen. Sie werden erkennen, daß Sie überall dort, wo Sie mit sich und anderen effektiv kommunizieren und zusammenarbeiten, wo Sie ökonomisch und mit angemessenem Stolz und hohem Selbstwertgefühl handeln können, schon längst NLP anwenden.

16

Rolle - Kontext - Kongruenz

Wir alle spielen verschiedene Rollen, leben in unterschiedlichen Kontexten und sind mehr oder weniger kongruent in unserem Selbstausdruck. Perls, Satir und Erickson, deren Arbeit Modell und Grundlage für Vorannahmen und Strategien des NLP wurde, betonten das immer wieder explizit oder implizit.

Vielleicht sind Sie gleichzeitig Assistenzarzt, Familienvater, Ehemann, Sohn und Mitglied einer politischen Partei, oder Sie sind Arzthelferin, Tochter, Ehefrau, Mutter, Arbeitnehmerin und Freundin, oder Sie sind praktischer Arzt, Ehemann, Vater, Sohn, Arbeitgeber, Mitglied der KV, Mitglied der Kreisärzteschaft, einer Standesorganisation, einer Partei und...! Es gibt eine erdrückende Vielfalt und Kombination notwendiger und möglicher Rollen. Diese Rollen sind uns nur dort bewußt, wo wir uns auch des Kontextes bewußt sind. Oftmals wissen wir gar nicht, welche Rolle wir im Moment spielen und ob sie überhaupt zum Kontext paßt.

Ihr Patient erwartet von Ihnen, daß Sie ihm helfen. Gleichzeitig ist er noch beim Heilpraktiker in Behandlung. Zusätzlich macht er eine Diät, die er zusammen mit einer *Gesundheitskasse* durchführt. Er ist Arbeitnehmer und hat einige Probleme am Arbeitsplatz. Außerdem ist er Ehemann, Vater und Sohn. Welche Rolle spielt er als Patient? Welche seiner anderen Rollen sind dahinein verwoben? Welche Aufgabe kommt Ihnen zu? Ich kenne Kollegen, die mit ihren Patienten kein unnötiges Wort sprechen und nur ihren Überweisungsauftrag erfüllen. Ein anderer Kollege bruddelt und schimpft und geht sehr autoritär mit seinen Patienten um. Ein anderer strickt während der Sprechstunde. Wieder ein anderer hat sich auf eine Spezialität festgelegt und möchte mit dem ganzen »Psychokram« nichts zu tun haben. Der nächste kümmert sich um die psychosomatischen Belange seiner Patienten, oder er behandelt ausschließlich homöopathisch. Bei allen diesen Kolleginnen und Kollegen sind Wartezimmer und Praxis voll. Es geht also gar nicht so sehr darum, wer der bessere oder schlechtere

Arzt, Heilpraktiker, Physio- oder Psychotherapeut ist. Fachliche Kompetenz vorausgesetzt, geht es darum, wer in einem bestimmten Kontext seine Rolle als Arzt so kongruent ausfüllt, daß Patienten ihn gern aufsuchen und sich gut betreut fühlen.

Für mich als berufsmäßigen Kommunikator bedeutet dies, sensibel zu werden für mich selbst in bezug auf meine Mitmenschen. Welche Werte, Glaubenssätze und Kriterien habe ich? Wie ist mein Selbst- und Menschenbild? In welchem Kontext befinde ich mich? Welche Rolle habe ich momentan, was erwarte ich von mir, und was erwarten die anderen von mir, wenn ich in dieser Rolle bin? Auf die Erwartungen anderer zu achten bedeutet nicht, dem Patienten alle Wünsche von den Lippen abzulesen oder meine eigenen Interessen zu vernachlässigen. Es bedeutet, zu wissen, daß es rollenspezifische und kontextabhängige Erwartungen gibt. Es bedeutet zu wissen, daß wir eingebettet sind in ein Netz sozialer Beziehungen. Auf dieser Basis fällt es leichter, flexibel auf den Gesprächspartner zu reagieren, indem ich mich selbst, meine Rolle, die diversen Erwartungen und den Kontext reflektiere. Ich nehme den anderen genauso wichtig wie mich selbst und umgekehrt. In jedem Menschen stecken unendlich viele Möglichkeiten, die darauf warten, wahrgenommen und gefördert zu werden.

Sie kennen sicher die Geschichte von dem Chefarzt einer gefäßchirurgischen Abteilung, der seine Zigarre vor der Visite zur Seite legt, seinen Patienten dringend rät, nicht mehr zu rauchen, und seinen Stumpen nach der Visite genüßlich weiterraucht. Vielleicht kennen Sie auch das Gefühl, das Sie empfinden, wenn Sie eine Therapie empfehlen, die Sie für sich selbst oder Ihren Lebenspartner ablehnen würden. **Kongruenz** hat etwas zu tun mit innerer Übereinstimmung, authentischem Verhalten und dem Zusammenpassen von Gesagtem und Gelebtem. Sie haben in den vergangenen Kapiteln viele Anregungen bekommen. Sie konnten bei sich selbst feststellen, wie sich unser Denken und Fühlen in unserer Körpersprache (Physiologie) widerspiegelt. Wir Menschen reagieren in wichtigen Situationen viel stärker auf die nonverbalen Elemente der Kommunikation als auf die Worte.

Kongruentes Verhalten macht Ihr Tun glaubhaft. Es läßt sich eigentlich mit keiner Technik wirklich erlernen, außer Sie gehen den Weg einer Geisha oder eines Profischauspielers. Es ist Ausdruck einer inneren Haltung, eines entsprechenden Menschenbildes und eines hohen Selbstwertgefühls.

17

NLP und Psychotherapie

Psychotherapeuten bezeichnen NLP gerne abschätzig als bloße Verhaltenstherapie. NLP-Anwender sehen sich gerne als effektivere Psychotherapeuten. Ich vermeide es immer, wenn ich NLP in der Praxis anwende, von Psychotherapie zu reden. Andererseits wendet jeder erfolgreiche Psychotherapeut NLP-Elemente im therapeutischen Setting an, gleichgültig, ob ihm das nun bewußt ist oder nicht. Immerhin wurde das *Neurolinguistische Programmieren*, zumindest anfänglich, Psychotherapeuten und nicht etwa Ärzten, Managern, Verkäufern oder anderen Kommunikatoren abgeschaut. Manche Psychotherapeuten, die personenzentriert arbeiten, nehmen

Abstand von NLP, weil sie es zu manipulativ finden. Die analytisch orientierten Therapeuten stoßen sich an der Zukunftsorientierung, dem inhaltsfreien Arbeiten und dem verhaltenstherapeutischen Aspekt. Manche NLP-Ausbilder haben sich besonders in der Verkaufsschulung und im Management-Training nicht allzusehr um den Respekt vor dem *Opfer* gekümmert. In der neueren NLP-Literatur werden auch hier die notwendige Ökologie, der Win-Win-Aspekt und die Ethik betont, die zum NLP dazugehören. Trotz alledem: NLP erfüllt nicht den Anspruch einer vollwertigen Psychotherapie. NLP ist eine **Metamethode**, die Gefäß für viele Inhalte sein kann.

In der Lebensberatung, der *kleinen Psychotherapie* und der *unsystematischen Langzeitbetreuung* von Patienten merkt man sehr schnell, daß mit eindrucksvollen Manipulationen zwar ein kurzfristiger Effekt erzielt werden kann. Der Patient bemerkt jedoch, zumindest unbewußt, jede Manipulation und schützt sich dagegen, z.B. indem er den Rapport abbricht oder ganz wegbleibt. Veränderungen sind nur dann erfolgreich und von längerer Dauer, wenn sie sich in das Leben dieses Menschen organisch einfügen. Im therapeutischen Bereich ist es deshalb kaum möglich, einen Schaden anzurichten, zumal korrekt ausgeführte NLP-Interventionen einen integrierten Schutz für

Klient und Therapeut haben. Warum also keine NLP-Therapie?

Psychotherapie ist eine über längere Zeit ausgelegte Betreuung in einem bestimmten vorgegebenen Setting mit klar vereinbarten Regeln. Je nach Ausbildung des Therapeuten werden inhaltliche und technische Schwerpunkte gesetzt. Die Klientel ist einigermaßen klar definiert. Die Zielsetzung ist anders. Der Wachstumsaspekt, der Zeit braucht, steht in der Regel im Vordergrund. Die eigentliche Veränderung ist dort die Folge des Lernprozesses. Die Aufarbeitung der Lebensgeschichte ist Grundlage der möglichen Lernschritte. Abkürzungen sind unerwünscht.

Im NLP sind viele Veränderungsprozesse erheblich beschleunigt. Dabei wird gerne vergessen, zu erwähnen, daß die Informationssammlung und die Vorbereitung der eigentlichen Veränderungsarbeit ebenfalls Zeit brauchen. Der NLP-Anwender wird sich diese Zeit gönnen. Seine therapeutischen Interventionen sind vielfach inhaltsfrei, je nach den Erfordernissen auf die Vergangenheit, Gegenwart oder Zukunft ausgerichtet. Er arbeitet mit Gestaltelementen, ganzheitlich mit allen Sinnen, mit hypnotischer Sprache, mit aufdeckenden, manches Mal provozierenden Techniken und immer im Rapport.

Wenn ich in meiner allgemeinärztlichen Praxis längere Gespräche führe, handelt es sich dabei meist um die Behandlung einer psychosomatischen Beschwerde oder Krankheit, eines Verhaltenskonflikts, einer einschränkenden Lebenssituation (Ehe-, Arbeitsplatzkonflikt), einer lästigen Verhaltensweise, die zu einer gesundheitlichen Gefährdung geführt hat (Übergewicht, Alkohol-, Nikotin-Abusus), oder einer akuten traumatischen Lebenssituation. Diese Interventionen sind zeitlich begrenzt. Zum einen wegen des umschriebenen Problems und der damit relativ klaren Zielsetzung. Zum anderen aus wirtschaftlichen Gründen. Als Kassenarzt sind die Honorierungsmöglichkeiten sehr begrenzt. Eine Privatrechnung zu erstellen würde bedeuten, daß viele Patienten nicht von dieser Behandlungsmöglichkeit profitieren könnten.

Mein Ziel ist es, Samen zu säen, neue Rahmen zu setzen, scheinbar Unvereinbares zu integrieren, dem Patienten zu helfen, sich mit Teilen seiner selbst zu versöhnen und ihn neue Wege und Möglichkeiten finden zu lassen. Wenn dieser therapeutische Rahmen überschritten wird, vermittle ich gerne einen Psychotherapeuten. Außerdem unterstütze ich den Heilungswillen in jeder Form, wenn der Patient andere Wege zur Gesundung beschreiten will. Ich werde dann durch den vertrauensvollen Bericht meiner Patienten beschenkt, die mir von ihren Erfahrungen mit Bachblüten, Homöopathie, Feldenkrais, Rolfing oder Reiki berichten. Es gibt unendlich viele Möglichkeiten, Menschen zu helfen. Ich kenne bei weitem nicht alle, und meine medizinische Kunst spiegelt nur einen Teil dieser Möglichkeiten wider. NLP hat mir sehr dabei geholfen, offen zu werden für alles, was funktioniert, und für meine Patienten auch in bezug auf alternative Therapieformen ein kompetenter Berater zu werden, selbst wenn ich diese Therapien nicht beherrsche. Ich bin auch sehr viel kritischer geworden gegenüber Heilsversprechungen jedweder Couleur. Bei alledem bin ich mit Überzeugung und Begeisterung »Schulmediziner«.

Heilpraktiker, selbständige Masseure und Krankengymnasten, Lehrer, Sozialarbeiter und Managementtrainer sind in NLP-Seminaren häufiger vertreten als Ärzte. In diesen Berufen wird von der klaren prozessualen Sprache des NLP profitiert, und die NLP-Modelle werden in die Arbeit integriert. Bei Ärzten erlebe ich häufiger Desinteresse oder gar direkte Abwehr. Es ist an der Zeit, daß wir uns über die selbstverständliche ärztliche Kompetenz hinaus mit Kommunikation im hier beschriebenen Sinne auseinandersetzen. Das ermöglicht in schwieriger werdender Zeit, effektiver, zufriedener und erfüllter leben und arbeiten zu können.

18

Nachwort und Danksagung

Ich wünsche mir, daß Sie neugierig geworden sind. Wenn Sie in Ihrer Praxis nur Teile dessen anwenden, was ich Ihnen hier vorgeschlagen habe, werden Sie unerwartete Entdeckungen machen. Vielleicht entschließen sie sich sogar dazu, einen Kurs zu besuchen und Ihr Wissen zu vertiefen. NLP bietet eine Practitioner- und eine Master-Practitioner-Ausbildung an. NLP entwickelt sich rasant weiter, die Basis bleibt dieselbe. Es geht immer um den Menschen und seine Art, in der Welt zu sein, um die Arbeitsweise seines Gehirns und darum, effektive Strategien zu entwickeln, um in dieser komplexen Welt bestehen zu können.

Ich danke meinem Vater, der mich offen werden ließ für alles Neue. Ich danke Anthony Robbins, der mich mit seinem Buch neugierig machte, und ich danke den Ausbildern der Synapse in Stuttgart, insbesondere Dr. H. Alberts und C. Reuben, für die gehaltvolle Zeit, die ich mit ihnen verbringen durfte. Ich danke meiner lieben Frau, Elisabeth Bartholomäus-Mast, dafür, daß Sie mich auf dem bisherigen Weg begleitet und dieses Buchprojekt als erste Leserin und Kritikerin unterstützt hat. Ich danke meinem ärztlichen Partner, Dr. H. Pösl, daß er alle meine Experimente bereitwillig unterstützt und mir vieles erst ermöglicht hat. Und ich danke meinen Patienten und Mitarbeitern für ihre freiwillige und manches Mal unfreiwillige Hilfe.

Literatur

Bandler, Richard, &-Grinder, John: *Metasprache und Psychotherapie.* Junfermann, Paderborn, 8. Aufl. 1994.

dies.: *Kommunikation und Veränderung.* Junfermann, Paderborn, 6. Aufl. 1991.

dies.: *Reframing. Ein ökologischer Ansatz in der Psychotherapie.* Junfermann, Paderborn, 5. Aufl. 1992.

Bateson, Gregory: *Ökologie des Geistes.* Suhrkamp, Frankfurt 1992.

Birkenbihl, Vera F.: *Psycho-logisch richtig verhandeln.* MVG, München 1993.

Bollnow, Otto: *Wesen und Wandel der Tugenden.* Ullstein, Frankfurt 1958.

Buzan, Tony: *Kopftraining.* Goldmann, München 1984.

Cialdini, Robert B.: *Einfluß.* MVG, München 1987.

Erickson, Milton H., & Rossi, Ernest L.: *Hypnotherapie.* Pfeiffer, München 1989.

Fisher, Roger, & Brown, Scott: *Gute Beziehungen.* Campus, Frankfurt 1989.

Fisher, R., & Ury, William: *Das Harvard-Konzept.* Campus, Frankfurt 1987.

Gordon, David: *Therapeutische Metaphern.* Junfermann, Paderborn, 4. Aufl. 1992.

Gordon, Thomas: *Familienkonferenz.* Rowohlt, Reinbek 1990.

Haken, Hermann: *Erfolgsgeheimnisse der Natur.* DVA, Stuttgart 1986.

Langmaack, Barbara: *Themenzentrierte Interaktion.* PVU, Weinheim 1991.

Maturana, Humberto, & Varela, Francisco: *Der Baum der Erkenntnis.* Scherz, München 1987.

Mohl, Alexa: *Der Zauberlehrling: Das NLP-Lern- und Übungsbuch.* Junfermann, Paderborn, 4. Aufl. 1994.

O'Connor, Joseph, & Seymour, John: *Neurolinguistisches Programmieren: Gelungene Kommunikation und persönliche Entfaltung.* VAK, Freiburg 1992.

Perls, Friedrich S.: *Gestalt – Wachstum – Integration.* Junfermann, Paderborn 1990.

ders.: *Grundlagen der Gestalttherapie.* Pfeiffer, München 1989.

Robbins, Anthony: *Grenzenlose Energie*. Rentrop, Bonn 1990.

Satir, Virginia: *Kommunikation – Selbstwert – Kongruenz*. Junfermann, Paderborn, 4. Aufl. 1993.

Schulz von Thun, Friedemann: *Miteinander reden*. Rowohlt, Reinbeck 1989.

Silva, José, & Goldmann, B.: *Die Silva Mind Methode*. Heyne, München 1990.

Stahl, Thies: *Triffst du 'nen Frosch unterwegs...* Junfermann, Paderborn, 5. Aufl. 1993.

Steiger, Rudolf: *Lehrbuch der Diskussionstechnik*. Huber, Frauenfeld 1988.

Steil, Summerfield, DeMare: *Aktives Zuhören*. Sauer, Heidelberg 1986.

Watzlawick, Paul: *Wie wirklich ist die Wirklichkeit*. Piper, München 1989.

ders.: *Menschliche Kommunikation*. Huber, Bern 1990.

Zielke, Wolfgang: *Frag dich vorwärts!* MVG, München 1980.

Auf Rückmeldungen und Anregungen zu diesem Buch freut sich:

Dr. Karl Mast
Postplatz 14
71032 Böblingen